竞跑共富路

——71个浙江体育的实践样本

体坛报社 编

人民体育出版社

图书在版编目（CIP）数据

竞跑共富路：71个浙江体育的实践样本/体坛报社编．——北京：人民体育出版社，2024

ISBN 978-7-5009-6393-6

Ⅰ.①竞… Ⅱ.①体… Ⅲ.①体育事业—研究—浙江 Ⅳ.① G812.755

中国国家版本馆 CIP 数据核字 (2023) 第 248758 号

*

人 民 体 育 出 版 社 出 版 发 行
三 河 市 紫 恒 印 装 有 限 公 司 印 刷
新　华　书　店　经　销

*

787×1092　16开本　13.75印张　277千字
2024年3月第1版　2024年3月第1版

*

ISBN 978-7-5009-6393-6
定价：58.00元

社址：北京市东城区体育馆路8号（天坛公园东门）
电话：67151482（发行部）　　邮编：100061
传真：67151483　　　　　　　邮购：67118491
网址：www.psphpress.com

（购买本社图书，如遇有缺损页可与邮购部联系）

体育是物质富裕、精神富有的良剂

"成都大运会、杭州亚运会精彩纷呈,体育健儿勇创佳绩……'村超''村晚'活力四射",这些都被写进了国家主席习近平的二○二四年新年贺词。

站立在2024年门口,品读总书记的新年贺词,不难发现,在高质量发展的内在要求下,体育除兼具增强民众体质的本体属性与彰显文化、时尚的拓展属性外,时代赋予其的经济属性愈益强烈。浙江作为改革开放的前沿阵地、民营经济的重要发祥地,一直致力于包括体育在内的各领域的改革创新与有益探索。2021年,党中央赋予浙江发展建设共同富裕示范区的光荣使命。2023年,习近平总书记在浙江考察期间,提出奋力谱写中国式现代化浙江新篇章,"浙江要在推进共同富裕中先行示范""浙江要在深化改革、扩大开放上续写新篇""浙江要在建设中华民族现代文明上积极探索"。这些都是为新时代浙江体育的发展明方向、理思路、善作为。

2021年,浙江省政府与国家体育总局签订支持浙江省体育领域建设共同富裕示范区的合作协议,包括6个方面、33项内容,这是新时代浙江体育的重要指引与导航,由此逐步形成清晰的目标体系、工作体系、政策体系和评价体系。在浙江省体育局党组统一部署、推进过程中,体坛报社组织精干的采编力量,着眼"体育助力共同富裕"这个主题,精心策划选题,重磅推出报道,深度挖掘浙江基层体育在助力共同富裕中的好典型、好案例与好成效,并结集《竞跑共富路——71个浙江体育的实践样本》,以进一步提振发展信心,增强经济活力。

《竞跑共富路——71个浙江体育的实践样本》共分为"走遍山区海岛县""运动振兴乡村""'媒'眼看共同富裕"三个篇章,从不同视角与维度着笔,用典型的案例、翔实的数据、精彩的故事,描绘体育助力共同富裕的美好图景。

竞跑共富路
——71个浙江体育的实践样本

"走遍山区海岛县"篇章，聚焦的是山区26县、海岛2县的基层体育。浙江素有"七山一水二分田"之说，山区海岛县山多地少、交通不便、资源匮乏，但其巧用资源，依据山水资源禀赋，通过建设环浙步道、露营基地等，打造运动休闲乡镇，大力发展户外运动，如淳安县"体育兴湖、赛事兴城、亚运兴县"，龙游县"被汽车拉力赛'拉'动起来的山城经济"等。运动休闲成为"绿水青山就是金山银山"的重要转化通道，形成了一县一品、一县一特色，可学习、可借鉴、可复制。

"运动振兴乡村"篇章，挖掘的是浙江广袤乡村体育的小典型、好案例，尤其是具有首创精神的体育特色与亮点。从小切口中看到大主题，从小体育中看到大民生，从小故事中看到大价值，如余姚市干溪村的乡村门球队是如何走出国门的，宁海县双林村的登山步道是如何成为"富民道"的，临海市丁公园村的乡村致富梦是这样"飞翔"的，等等。

"'媒'眼看共同富裕"篇章，则是近年来在参与中央和省级媒体体育主题的新闻采风中，记录钱江两岸的盛世体育场景，从一个个小人物讲述的体育小故事中，发现体育之美、改革之美、创新之美与活力之美。

改革破解难题，创新开创未来。新时代的浙江体育，内容越来越丰富，价值越来越多元。我们深切地感受到，体育是物质富裕、精神富有的良剂。随着社会经济发展，人民群众对体育的追求越来越迫切，而体育于满足人民群众对美好生活的向往、对经济社会发展的贡献力也越来越大。浙江体育始终以奔跑者昂扬、拼搏的姿态，竞跑在共同富裕的道路上！

体坛报社

2024年2月18日

目　录
CONTENTS

走遍山区海岛县

淳安县：体育兴湖、赛事兴城、亚运兴县！// 002

苍南县：社会力量烧旺体育这把"火" // 006

泰顺县：红蓝为底色的乡村体育图景 // 009

永嘉县：运动打卡"悠悠三百里楠溪江" // 012

文成县：打通文旅体融合发展新赛道 // 015

平阳县：在厚重的文化底蕴中"享体育" // 018

磐安县：办令人怦然"心"动的体育 // 021

武义县：从体育"吸睛"带动经济"吸金" // 024

衢江区：山区经济别有"洞"天 // 027

柯城区：真金庸·最武侠，好功夫了不得！// 030

开化县：生态体育为钱江源共富"开源" // 033

常山县：以赛为媒，"常"来"常"往！// 036

江山市："村运会"何以百村联动？// 039

龙游县：被"拉"动起来的山城经济 // 042

天台县：乡村振兴中"体育委员"的力量 // 045

仙居县：解码山水运动的共同功能 // 048

三门县：体育制造业的突围之路 // 051

莲都区：城乡、山水体育叩响幸福之门！// 054

遂昌县：运动休闲盘活山水资源 // 057

缙云县：体育制造与运动休闲"同向奔赴" // 062

松阳县：田园好风光，运动添时尚 // 066

青田县：运动瓯江，发现侨乡时尚之美 // 069

云和县：小县大城与小体育大经济 // 072

景宁县：运动振兴乡村的"秋炉模式" // 075

龙泉市：在江南之巅领略刀光剑影 // 078

庆元县：体育从"美好的相遇开始" // 081

嵊泗县：从百姓"享体育"到游客"玩体育" // 085

岱山县：一桥飞架，山海更逍遥 // 089

运动振兴乡村

安吉县：从"乡村振兴"到"共同富裕" // 094

余杭区鸬鸟镇：房车+露营的"美丽试水" // 100

萧山区戴村镇：从山野乐趣到山野经济 // 103

富阳区东洲村：以篮球为媒，打开乡村发展新蓝图 // 106

桐庐县富春江镇：运动休闲在富春江 // 109

余姚市干溪村：有一支打出国门的乡村门球队 // 112

宁海县双林村：一条登山步道的富民之"道" // 114

乐清市仙人坦村：飞拉达带来的新腾飞 // 117

瑞安市芳庄乡："抱团漂流"——新玩法新经济 // 120

诸暨市杜黄新村：球场上演绎新时代"枫桥经验" // 123

新昌县南洲村：南洲武术"老枝发新芽" // 126

新昌县董村村：休闲漂流引来滚滚人流 // 129

长兴县青草坞村：舞龙"舞"出的幸福小日子 // 132

吴兴区伍浦村：好看、好玩、好时尚 // 135

海宁市桃园村：400把钥匙打开4000村民的"心门" // 137

嘉善县洪溪村："五吨胜万吨"在球场上谱新篇 // 140

平湖市徐家埭村："摇快船"如何成为"摇钱树" // 143

桐乡市八泉村：内外兼修 此心安处是吾乡 // 146

义乌市马畈村："体农旅"擦出新火花 // 149

普陀区：一根钓竿走"四海" // 152

岱山县秀山乡："泥里来浪里去"的大梦想 // 155

临海市丁公园村：乡村致富梦是这样"飞翔"的 // 158

"媒"眼看共同富裕

跟着记者"玩"遍运动休闲小镇 // 162

安吉县山川乡：在山川云上草原 看云卷云舒、人来人往 // 162

德清县莫干山镇：莫干山俯拾皆是运动 // 165

桐庐县瑶琳镇：户外运动"预见未来" // 168

淳安县石林镇：湖光山色，运动风景独好！ // 171

柯城区九华乡：灵鹫山上的"森林体育"新样本 // 174

看"浙"里，运动振兴乡村 // 177

天台县后岸村：体旅振兴乡村的"后岸模式" // 177

奉化区滕头村：生态体育的富民、乐民之道 // 179

余姚市横坎头村：红色引领生态绿色、体育特色发展 // 181

诸暨市杨家楼村：村子里的"洋气"体育 // 183

上虞区东澄古村：古村落点"石"成金记 // 185

浦江县杭坪镇：16个村挖出一座"体育金矿" // 187

武义县朱王村："省赛村办"的美好与憧憬 // 189

三门县善岙杨村：善治者，体育也！ // 191

"浙样"红·体育见证百年风云变迁 // 193

嘉兴市：每个人都是"运动家" // 193

瑞安市：百姓乐享"百姓健身房" // 195

平阳县：红土地与体育绿相映生辉 // 197

德清县：漫运动，莫干山轩昂的气质 // 199

蹲点浙江·发现体育"共富"之美 // 201

湖州市：山与水交融 人与城俱欢 // 201

绍兴市："遇见"体育的美好 // 204

诸暨市：从一个篮球观览精彩蝶变 // 208

安吉县余村：运动休闲解码点"石"成金 // 211

走遍山区海岛县

建设"共同富裕示范区",是党中央赋予浙江的重大而光荣的使命。当前,浙江正致力推动山区26县、海岛2县跨越式高质量发展,为全国扎实推动共同富裕提供省域范例。

共同富裕是共同愿望与目标。山区26县、海岛2县因为各种原因,发展经济底子薄、困难多,在实现共同富裕的道路上,要走的路还很长。通过实地走访,记者欣喜地看到,山区县、海岛县不等不靠,依托山水资源,因地制宜巧做体育文章,建体育场馆、办体育赛事、搞体育活动,在促进社会和谐、增强发展后劲、促进百姓增收等方面,体育正扮演着越来越重要的角色。在许许多多的样板、案例中得到佐证:体育正成为实现山区县、海岛县共同富裕的重要通道!

新蓝图振奋人心,新征程前景壮阔。在共同富裕示范区建设大背景下,推动体育事业均衡、高质量发展,让全省人民更加普惠地享受到体育红利,是人民群众共同富裕看得见、摸得着的幸福。

淳安县：体育兴湖、赛事兴城、亚运兴县！

千岛湖的名气有多大？前些年记者到拉萨旅游，在雪域高原的一家餐馆看到，巨大的招牌上写着一行大字：千岛湖鱼头。千岛湖距拉萨整整5000千米。

20世纪50年代末，为建造发电站在淳安县兴修了新安江水库，库区面积达到580平方公里。1984年新安江水库被正式命名为"千岛湖"并成为"世界三大千岛湖"之一，是闻名遐迩的旅游胜地。

千岛湖比县名"淳安"名气更大。不过，位于杭州西南郊县的淳安县，除了有浙江面积第一的千岛湖，还是浙江行政面积第一县。提到淳安，不禁使人联想到千艇竞发的场景。没错，千岛湖是中国著名的水上运动训练基地，两届奥运冠军孟关良从这里走向世界，这里也曾是东京奥运会上的赛艇冠军组合张灵/陈云霞/吕扬/崔晓桐、划艇冠军搭档徐诗晓/孙梦雅等人训练的大本营。

千岛湖的山水，有着冠军的独有气质。千岛湖体育源远流长，淳安县文广旅体局副局长徐跃进用一句话概括：体育兴湖、赛事兴城、亚运兴县！

体育兴湖：运动小镇竞风流

秀美千岛湖，运动山水间。淳安县内有源头之溪流百余条，勾连起23个乡镇中的18个，一幅秀美的体育画卷泼墨挥洒。

体育与千岛湖结缘，最早要追溯到20世纪90年代。一湖碧水、静而不偏，正是体育训练的绝佳环境。这里被浙江省皮划赛艇队一眼相中。很快，一个叫"淡水"的水域被打造成浙江省水上运动训练基地。

后来的热闹不用赘述。现在这里已经是国家水上运动训练基地，尤其当北方天寒地冻时，千岛湖就会成为全国水上运动的中心。最多时，超过20个省、自治区、直辖市的皮划赛艇队在这里吹响冬训集结号，运动员、教练员再加上保障人员，规模最大时达到3000人。"只要有码头的地方，就有训练的队伍"，当地的老百姓这样描述见过的盛况。

运动队伍的云集，让淳安的城乡沸腾起来。农户闲置的房子，被租赁当了运动员的教室、宿舍；农村的闲置劳动力，也在家门口实现了"就业"，有的当了帮工，有的当了厨师，还有的当了保安；农民们原来自给自足的蔬菜、家禽，成了运动队的美味佳肴。

时间一晃过去二十多年，现在很多运动队都已经把淳安当成了"娘家"。当然，"见多识广"的淳安百姓也在体育方面越来越动脑筋。其中的石林镇、界首乡、姜家镇，依据各自的山水资源优势，先后在打造、培育省级运动休闲乡镇，分别是石林的港湾运动小镇、界首的骑行运动小镇、姜家的山地探险小镇。淳安一跃成为"浙江运动休闲第一县"。

石林镇，一边靠山，一边傍水，曾以幽秘奇险的石景闻名。这里也是各水上运动队最青睐的湖面与码头之一。2000年，辽宁大连水上运动队成为第一支进驻石林的运动队，之后全国各地的队伍纷至沓来，水上竞渡成了一道独特的风景。

现在，石林镇已经从单纯承接运动队训练向打造港湾运动小镇转型。镇党委书记徐涌介绍，通过"运动+X"的模式（如运动+旅游、运动+度假、运动+生态、运动+文化等），不断实现体文旅农深度融合，以运动赋能乡村振兴。记者在石林镇见到，从北京引进的水上运动俱乐部，让这里成为上海、杭州、苏州等大城市白领一族休闲度假的胜地；体验峡谷漂流、陆地骑游，以及悬崖栈道、时尚体育也让小镇变得更加时尚。"原来是偏僻冷清的小镇，现在每到旺季就一床难求"，徐涌感慨地说。

赛事兴城：划骑跑游山水间

好山好水好风光的淳安，每一寸土地与水面都是天然的运动场。在徐跃进眼中，就是这么认为的。靠山吃山，靠水吃水。淳安体育想要跨越式发展、实现弯道超车，利用好资源自然是第一要务！

淳安属于山区26县之一，经济并不算发达；山区、水域占比大，土地资源也不丰富。因此，大中型体育场馆建设底子薄、起步晚、欠账多。依托大中型体育场馆兴办赛事，并非淳安县的优势与选择。淳安体育有什么？千岛湖、环湖绿道，这些都是独特的资源优势。

淳安县把办赛的目标重点盯在划、骑、跑、游等项目上。划，就是划船，这些年几乎每年都举办各类皮划赛艇赛事。骑行赛事最拉风，沿着千岛湖打造了两百多公里的绿道，除专业骑行赛外，游客骑游也成为千岛湖游客重要的旅游方式，随时随地都能见到这样的风景。连续举办了15届的环千岛湖骑行大会，每年的规模达到3000多人，在国内都是首屈一指的。跑步类最具品牌影响力的是环千岛湖马拉松赛——"湖乱跑"，也是一经报名就会在短时间被抢光名额的品牌赛事。"游"则是公开水域游泳赛事，每年的规模也超过2000人，现在推陈出新又开始策划举办铁人三项赛，吸引力很大。

这些大型商业性赛事，淳安每年都举办20场次以上。据不完全统计，来千岛湖的游客"体育旅游"占比高达24%。一场赛事，带给淳安的经济贡献是"满格"的——从吃住行，到游购乐，产业链越来越长，酒店、宾馆、景点、土特产等都是直接受益者。

淳安县坚持打造的"春毅行、夏游泳、秋骑行、冬跑马"赛事体系，持续打响了千岛湖"运动天堂"的品牌。

亚运兴县：共同富裕奔小康

杭州成功申办2022年亚运会后，淳安县以最大的诚意、最优的资源，分享到了亚运蛋糕——以自行车、铁人三项为代表的六大亚运比赛项目落户千岛湖畔，在这里将诞生25枚金牌。淳安也是除杭州主赛区外承办赛事最多的县（市、区），这既是重大机遇，又面临着巨大挑战。

记者在离淳安县城45分钟车程的界首乡，见到了亚运场馆的真容。通过招商引资、由第三方建设的亚运自行车馆已经惊艳亮相，犹如千岛湖畔的一颗璀璨明珠。与此同时，"淳安亚运分村"也已建成，赛后这里将成为集康养度假、户外运动、创意娱乐、原乡文化于一体的顶级湖岛生态度假地。姜蕾是淳安亚运场馆投资方的代表，这位山东姑娘既是亚运场馆建设形成的参与者，也是淳安发展的见证者，"比赛期间被改造为亚运分村的酒店，目前已经试营业。亚运会的巨大效应，吸引着游客争相体验。2000多元一晚的客房，节假日还订不到"，她说。

淳安亚运分村所在地的严家村也因亚运"脱了土气"。经过美丽庭院改造，村里200余户农户庭院屋舍俨然，村道洁净，路宽了，屋美了，人也多了。目前，严家村所在的界首乡，民宿由原先的2家增加为70余家，床位总数达到1300余张，年接待人数多达100万人次。

距亚运场馆五分钟车程的千岛湖湖上森林度假乐园（樱花岛），正在加紧建设。这个项目也是以运动休闲为主题，占地1000多亩（1亩≈666.67平方米）、总投资达到1亿多元，旨在让游客在参与体验运动休闲项目的过程中达到身心兼修，包括户外拓展、体育研学等。项目经理徐斌是嘉兴人，"我是奔着杭州亚运会来的。"他对千岛湖的运动休闲业充满信心。

亚运红利的覆盖面几乎遍及所有的乡镇。徐跃进介绍，环湖公路也将是亚运会公路自行车的赛道。目前，至少已经投资2亿元，对路面进行了拓宽、平整，同时对沿线的村庄、房屋进行了美化，打扫好庭院准备迎接亚洲的四方宾客。

（黄维　陆一帅）

苍南县：社会力量烧旺体育这把"火"

苍南的"南"，不只是指苍山以南，更是指"浙江最南面"。苍南县与福建接壤，靠山滨海，不过，苍南秉持的依然是"温州气质"，即坚韧不拔、团结协作，以及敢为天下先的干劲与闯劲。苍南体育亦是如此，社会力量、民间资本，烧旺了体育的这把"火"。

在苍南城区的横阳支江，鼓点激越、舟楫争流，热烈的场面引得路人驻足欣赏。这是苍南县聚龙龙舟俱乐部的训练场景。千万别小瞧他们，在2021年的全国运动会上，他们一举夺得3金1铜，让"聚龙"成为整个苍南的"聚焦"。龙舟竞赛也成为这座小城独特的风景。

令人想不到的是，这支全国赛场夺魁的队伍自发组建、草根出身。这还得追溯到2016年，来自不同行业的14位龙舟爱好者组建了这支队伍。他们自掏腰包，你五百，我一千，"凑了一万多元，买了一条二手龙舟；添置的训练服，19元一件"，队长陈思旭记得很清楚。到了2017年，苍南聚龙龙舟队就夺得了温州联赛总冠军，极大地激发了队员们的奋斗激情。

龙舟运动象征着齐心协力、敢为人先。聚龙"聚拢"着越来越多的龙舟爱好者。从成立之初开始，不断有爱好者提出入队申请，现在已经达到五十多人。记者了解到，这些来自不同行业的队员，有办企业的、做生意的，也有公务员、教师，还有学生；既有兄弟档，也有叔侄配。距离俱乐部最远的队员，要从20千米外骑车赶到县城训练，每次至少练习一二十千米，仍乐此不疲。

2021年，聚龙龙舟队过五关斩六将，获得第14届全运会参赛资格。他们十分珍惜这次参赛机会。这帮"草根选手"克服重重困难，进行了为期两个多月的封闭训练。有的新婚宴尔放弃蜜月度假备战，有的请了司机代为跑货运……这样的故事还有很多。每天四练，早上5点多起床跑步，上午、下午下水训练，晚上体能训练，聘请外省教练指导，补短板强弱项。"团队精神是前进最大的动力。一条船上的22人，任何一位开小差都形不成强大合力"，夺冠后，陈思旭如是感慨。正因为这样的凝心聚力，去年以来又有好几位爱好者慕名"投奔"。

一位在外省创业的乡贤，被这支勇往直前的队伍深受感动，主动出资冠名赞助。迄今，其至少真金白银投入数十万元。建基地、请龙舟、购装备，找到了"金主"的聚龙龙舟俱乐部越来越有精神！

相比于苍南龙舟俱乐部，苍南飞林文武学校的历史更悠久。26年前创办，现有近2000名学生。在当下社会上面临"武校越来越不好办"的境况下，苍南飞林武校在浙江武校界则是一枝独秀。

很多人认为，"读书读不好的人才上武校"，但苍南飞林文武学校校长吴树斌不这么认为，他说："体育让社会更健康。"这个健康，从个体来说，会让孩子的成长更活泼、更强壮，文武并举；从社会层面而言，练武先学德，武校的孩子会更注重团队精神、拼搏精神，能进一步促进社会的和谐与文明。

作为社会力量办教育典范的飞林文武学校，实行12年一贯制（从小学一年级到高中三年级）教学。面向全国招生，其中苍南县外的学生占30%~40%。在抓好文化课教学的同时，培养孩子的体育特长，每天有两个小时的武术练习时间。为确保文化课教学保质保量进行，更多是集中在周末、寒暑假集训，以挖掘与培养学生武术特长。

苍南竞技体育也是这所武校的直接"受益者"。拳击、散打、空手道等是飞林武校的重点开发项目，2021年的温州市运会上，共为苍南夺得21枚金牌，占该县市运动会金牌的六分之一。"我们更多的是精神上的鼓励以及一定的物质奖励。从性价比的角度，这一投入与产出是高效、划算的"，县文广旅体局党委委员蒋久寿认为。飞林文武学校迄今已经培养出1个世界冠军、2个亚洲冠军以及100多个全国冠军。

飞林文武学校还让无数孩子圆了大学梦。国家二级及以上等级的运动员，获得参加体育高等院校单招单考的资格。以2022年为例，15人考上高等体育院校的本科，考上专科及以上的占90%。

除群众体育、竞技体育外，在苍南社会力量参与体育、投资体育、发展体育产业的方式也越来越多样。

黄祥宇是滑翔伞飞行爱好者，现在他也是这项时尚运动的创业者。在苍南渔寮，黄祥宇"相中"了傍海的罗家山，并打造了"罗家山滑翔伞国际营地"。据悉，滨海的滑翔伞基地全国仅有3家，另两家分别在广东的深圳与山东的威海。玩的就是心跳嘛！

试想，从海拔 300 米的山顶，乘坐滑翔伞俯瞰蔚蓝的大海，继而飘然降落在海滩上，这是怎样怦然心动的经历？黄祥宇让梦想照进现实，"有黑龙江的滑翔伞爱好者，专程坐飞机来到苍南，就是为了飞上 5 分钟"，说到这时，黄祥宇显得特别自豪。

黄祥宇算过一笔账：一年可飞的时间是 270 天，这项时尚运动从五六岁到七八十岁都能参与、体验，目前每年参与的人群接近 3000 人。"渔寮的游客每年达到 100 万人次。如果有百分之一参与滑翔伞运动，可挖掘的潜力很大啊"，黄祥宇说。对实现这个目标，黄祥宇信心满满。

县文广旅体局群体科负责人陈敬介绍，苍南在时尚体育运营、赛事市场开发等领域，社会力量的作用变得越来越重要。除滨海的滑翔伞飞行营地外，帆船帆板、冲浪、沙排足球、沙滩排球等项目，大多都是社会力量在参与。苍南拥有 168 千米黄金海岸线，举办的海西半程马拉松赛需要的两百来万元的办赛经费大部分是通过冠名赞助解决的。

体育场馆运营，被称为"世界性的难题"。善于创新改革的苍南体育，正在通过"一场馆一办法"的基层探索攻坚克难。苍南县体育中心建成后委托第三方管理、运营，温州盛博体育文化是承接方，在满足政府、主管部门公益开放或多元需求的基础上，千方百计挖掘体育培训、承办赛事的潜力，实现良性运转。陈敬认为，这种模式既减轻了体育职能部门管理、运营的压力，又充分发挥了市场主体的积极性，提高了场馆利用率，实现了社会效益、经济效益的双赢。

刚建成的灵溪镇文体中心，管理与运营的方式更加灵活。乒乓球馆委托县乒乓球协会管理，体现了公益惠民的特点，突出了专业人办专业事的导向。篮球馆则是与苍南籍篮球明星吴前的篮球训练营合作，在开展培训的过程中发现、培养、输送体育苗子，营造更为浓厚的篮球氛围。双方每年的合作经费是 30 万元，陈敬说："由吴前牵头组织的高水平篮球赛事，在这座篮球馆每举办一场比赛，镇里补贴 10 万元。如果每年举办 3 场比赛，篮球馆相当于零租金。"这样的合作模式，岂止是双赢，而是多赢、共赢！

（黄维　王占苗　李雨童）

泰顺县：红蓝为底色的乡村体育图景

"国泰民安、人心效顺"，故取名泰顺。泰顺县与福建接壤，是浙江90个县（市、区）中较为偏远的之一，从杭州到泰顺开汽车最起码跑5个多小时。

泰顺是个山区县，山高路远、崇山峻岭阻碍着经济的发展。不过，泰顺人有着坚韧不拔的品质和勇于奋斗的激情。在与泰顺县旅游和体育事业发展中心主任蓝传德的交流中，一组数据引起了记者的关注：到2021年底，泰顺县人均体育场地面积达到2.89平方米。这个数据，比全省人均多出0.34平方米。那么，经济相对欠发达、山多地少的泰顺县是怎么做到的？

这个数据成为记者采访的"线索"，在对百丈镇、三魁镇的下乡采访中，逐渐揭晓了答案。

百丈体育　光芒万丈

"现在为您导航至泰顺县百丈时尚体育小镇"。导航提示音，是不是很具诱惑力？熟悉这个山区镇历史变迁的人都知道，是体育让百丈凤凰涅槃。

百丈是省体育局的挂钩结对乡镇，两位省体育局的干部苏几军、叶初晓先后挂职镇党委副书记。这个山区镇的发展，也由此留下"体育"的深刻烙印。

从县城到百丈镇还有四五十分钟车程。偏归偏，但百丈有着别样的体育好风光。辽阔的飞云湖上百舸争流，省内第一片曲棍球场坐落在镇上，环飞云湖长达43千米的马拉松道（骑行绿道）正在建设之中。"'体育蓝'也是百丈发展的底色"，现任百丈镇

党委书记的李敏如是说。

飞云湖是重要的水源地，有着温州"大水缸"之誉。为保护好绿水青山，依托山水资源优势，百丈把发展经济、福祉民生盯在绿色、健康、可持续发展的生态体育上。把皮划艇奥运冠军孟关良请到了百丈"会诊把脉"、指点迷津。很快，一支支队伍开赴山乡——百丈的集镇上，镇上常住人口只有两百来人，而来冬训的运动员最多时达到五六百人。

冬季的北方水面结冰无法训练，而此时的泰顺，山依然是绿的，一湖碧水荡漾。国家青年赛艇队、辽宁省赛艇队、辽宁省曲棍球队等，都会在这时将这里作为他们重要的冬训基地。由此，让原本寂寥的山乡变得分外热闹。百舸争流或挥杆击球的场景，也吸引了不少摄影爱好者蜂拥而至。

百丈人尝到了甜头。将闲置的中学校舍、集体房产等都腾出来作为冬训基地的宿舍、训练房、餐厅以及教室，提供最好的保障。每年的11月，一辆辆大巴车、大货车进山，开启差不多半年的冬训，春暖花开后又离开。他们的到来，给山区的闲置劳动力提供了不少季节性岗位，同时通过与训练队伍签订采购协议，让农民种植的蔬菜、瓜果，自养的家禽也有了稳定的销售地。

"冬训基地"打开了百丈人的眼界。建基地后，百丈人又开始搞活动、办赛事，致力于打造浙闽交界重要的运动休闲目的地。先后举办过骑游大会、山地越野跑、露营大会、国际女子九球公开赛等。体育赛事与活动让山转了起来、水动了起来，钱赚了进来——"体育+旅游+农产品销售"的乡村振兴计划从蓝图到现实。不断完善吃、住、购服务保障体系，建成金坑民宿集群，直接带动全镇2400多位村民年均增收2.4万元以上。

2022年，百丈获评省级首批运动休闲乡镇。环湖慢行系统的打造正在加速推进。这一切，都让李敏对百丈的"时尚体育小镇"充满希冀，"下一步，着力推动农体旅深度融合，打造更多'潮玩'百丈的运动项目，打造最美精品环湖骑游线路，打造中国山地运动休闲的乐谷，打造百果之乡采摘精品线。"

古道越野　生财有道

串起泰顺乡镇之间的是一条条九曲十八弯的山路。从百丈到三魁，有一段40分钟车程的山路。

比起百丈，三魁的海拔更高。到访的卢梨村海拔820米，地貌属于高山台地。在这里已经连续举办了两届"泰顺红色古道越野赛"。说起这项赛事与卢梨村的结缘，村民、县人大代表吴羽芬数度激动落泪，感慨："太不容易，太不容易！"

卢梨既是高山村，又是古村、红村。历史上卢梨是泰顺县的交通枢纽之一，纵横交错的官道长达三四十千米。或许正是因为拥有四通八达的古道资源，1935年，卢梨村成为交通要道与战略重地。是年冬，粟裕、刘英领导的中国工农红军挺进师到达卢梨村，依托闽东党组织在卢梨开辟根据地，一直到1937年离开。据村里老人家回忆，平时有一两百甚至三四百位红军以各种不同身份生活在这里，亲切地称村民为"老东家"，双方结下了深厚的军民情。

遗憾的是，这么丰富的古道资源、红色资源并没有被很好地挖掘与利用。40岁的村妇吴羽芬率先发现、挖掘了村里的宝贵资源，"偶尔有户外登山爱好者来到村里，登山、拍摄，一玩就是大半天"，吴羽芬也向同行的人发出邀约，"这么喜欢登山，欢迎你们成群结队来玩。"

一句玩笑话，"引来"一场千人户外徒步大赛。吴羽芬记得很清楚，那天是2017年4月8日。卢梨村来了1000多人，浩浩荡荡、红旗招展，由县户外运动协会发起、组织，一长队人马在这里体验"重走红军路"。更让吴羽芬没有想到的是，正是这场体育社团自发组织的穿越古道赛事，让卢梨村一炮打响。

2018年大年初三，当我们还沉浸在浓浓的年味中时，卢梨村的老老少少已经自带干粮、拿着锄头、柴刀上山了，他们要探寻与整理古道遗迹，对散落的古道进行整理、记录，对残缺的古道进行修缮，惊奇地发现古道布局所形成的网络神似一叶"红枫"。

一传十，十传百，百传千，来卢梨村徒步穿越古道的游客越来越多。县里也很重视，计划在这里打造泰顺红色古道越野赛。三魁镇党委委员韩建定是华东勘测设计院的挂职干部，同时也是三魁的联村干部。为办好这项赛事，对赛事线路的规划、村容村貌的整治事必躬亲。2021年，韩建定挂职届满，他申请再挂职一届，已退休的他依然留在三魁、留在卢梨。2021年，韩建定被评为"感动泰顺十大人物"之一。

2019年、2020年，在卢梨村连续举办两届泰顺红色古道越野赛。赛事线路集村落、古桥、古亭、峡谷、瀑布于一体，用古道串起底洋党小组旧址、刘英粟裕办公旧址、寨顶战斗旧址等卢梨村红色遗迹，设12公里、25公里、50公里等组别。每场赛事都有五六百人，一半以上的选手来自泰顺以外，包括温州、福建等地。红色古道越野赛也成了让卢梨"走出去"的重要载体，第一次办赛恰遇下雨，原本要搭帐篷露营的选手，被村民们一一邀请住到农家，传承与弘扬新时代"老东家"精神；第二次办赛时，出外创业、打工的村民们纷纷回家，择菜、帮厨、接客，村里为参赛选手办了八十多桌"百家宴"。

在卢梨村，"老东家"红色展陈馆已经开放，以"重走红军路"为主题的红色研学基地正在规划，同时吴羽芬带领村民们陆续开办了农家乐与民宿，运动振兴乡村在卢梨结出了丰硕的果实。

（黄维　王占苗　李雨童）

永嘉县：运动打卡"悠悠三百里楠溪江"

东晋年间，永嘉来了一位新太守，一路游山玩水、即兴吟诗。他就是谢灵运。

谢灵运是中国山水诗鼻祖。如果按照现在的说法，他应该还是中国最早的驴友。"脚著谢公屐，身登青云梯"，说的就是他。在任职永嘉太守期间，他恐怕没少游历以山水田园风光见长、悠悠三百里楠溪江。

智者乐水，仁者乐山。每逢节假日，水美、岩奇、瀑多、村古、林秀的楠溪江，往往是游客风靡而至的网红打卡地。不过，与之前欣赏江畔古村落的袅袅炊烟、渔樵耕读的桨声帆影不同，现在游客更多的是以运动打卡的形式走近、认识楠溪江。

瓯江北面、乐清湾以西，"八山一水一分田"是永嘉的地貌特征。千百年来，几十万永嘉百姓，沿着悠悠三百里楠溪江而居，日出而作、日落而息，恬静闲适。

这里也是改革开放春风吹拂较早的城市之一。永嘉也由此成为中国的纽扣之乡、拉链之乡、教玩具之乡。山与水如何做出"大经济"文章？永嘉很早就在这方面进行探索了。

2014年，永嘉成功承办浙江省第3届运动休闲旅游节。楠溪江两岸，打出一手"体育+旅游"的好牌，竹筏漂流、步道穿越、草坪露营等，当年初登场的这些体育项目，现在都已经成为楠溪江精品的运动休闲品牌。

其实，比这个运动休闲旅游节更早，"重走红军路"已经打出了体育旅游品牌。永嘉不仅是千年古县，也是老革命根据地。这里是红十三军诞生地。当地的户外登山组织，借助这一资源组织开展"重走红军路"活动。走红军道、游登山古道，每年都推出不同线路，十多公里到几十公里不等，到2022年已经举办了12届，最多时参与人数超过3000人，浩浩荡荡、蔚为壮观。这两年，这项赛事还通过网络直播，向全球推介永嘉的楠溪江山水与人文景观。

永嘉的农村，不少藏在大山深处。为动员老百姓动起来，永嘉策划组织举办了多届"峊运会"。这个"峊"特指山峊，山村的代称。乡乡镇镇都办得很热闹，淡化竞技，比的是快乐、健康，展示的是山乡巨变、时代风貌。"动"起来的永嘉百姓更健康、更长寿。现在永嘉的县域名片中，很闪亮的一张是"中国长寿之乡"。永嘉也是浙江第一个获此殊荣的县。

永嘉还是"中国门球之乡"。这项运动又与旅游攀上了亲。全县有一百多片门球场，散落在城乡各地。每年都要举办一批门球赛事。最多时，来自全国各地的选手达到千人。鹤盛镇、岩上镇分别有四片球场，一个村都能承办县里甚至省里的比赛。到了比赛季，一房难求，还带旺了旅游景区。

从承办全省运动休闲旅游节至今，一晃又过去了十来年。如果现在到楠溪江，天上飞的、地上跑的、水中漂的，玩上一个星期可以不重样。

永嘉有一条最美自驾游公路：雁楠公路。全长45公里，沿途见山遇水，移步换景、美不胜收。这条公路美在两岸好风光，串起了乐清雁荡山与永嘉楠溪江两大著名胜地。

南溪江畔有最美的飞瀑。百丈瀑，飞练从天而降，高达128米。与飞瀑相映成趣的是这里的动力滑翔伞飞行基地，由此百丈瀑景区成为长三角最佳体育旅游目的地。

永嘉还有最好玩的龙湾潭。这里原本是山水、人文兼具的景观，现在不仅"好看"还"好玩"。千米悬空栈道、高空探险自行车、步步惊心空中网红桥、高空秋千、丛林穿越，每一个项目都惊险刺激，让体验者与大自然亲密接触，惊呼过瘾。

县文广旅体局党组成员徐俊感叹："楠溪江的好山好水，一旦与运动休闲'联姻'，美了不止百倍！"运动休闲的"美"，不只是用眼睛欣赏、感受，更在于参与中体验、体验中品味。

从县城驱车一刻钟，便到了楠溪江航空飞行营地。这一营地2019年前建成开放，是目前省内规模较大的以航空科普研学教育、航空飞行培训、低空观光旅游、体育运动休闲为主推内容的运动休闲综合营地。因受到新冠疫情影响，体育旅游业曾遭遇较大冲击，但作为经营业主的叶庆丰仍对当初的这个"金点子"感到自豪。

叶庆丰长期从事旅游行业。2008年，在澳大利亚第一次接触滑翔伞，他就敏锐地发现这项运动的潜力，自己也由此成了一名滑翔伞运动爱好者。6年后，国务院文件中提到的"大力倡导发展航空飞行运动"让叶庆丰深受启发，第一次萌生投资航空飞行营地的想法。

叶庆丰的航空飞行营地占地五百来亩。原本是南溪江畔的一座垃圾场，变废为宝、由土变洋。每年可"飞"的天数达到200天左右，除温州本地的航空运动爱好者外，还有不少上海、杭州的游客也会专程赶来，只为实现"飞天梦"。"从空中俯瞰楠溪江优美的山水风光，是别样的体验"，正准备体验飞行的游客这样告诉记者。

叶庆丰还在不断做大自己的"航空飞行蛋糕"。在他的营地，除三角翼外，还有自旋翼飞机、轮式动力伞、热气球等项目，一条450米草坪专业飞行起降跑道显得特别忙碌。根据飞行时间和距离，营地推出了小航线、中航线和大航线三种套餐，由体验者自行选择。除此以外，营地还开设了卡丁车、滩涂房车、草坪露营、丛林穿越等二十多种运动休闲项目，让游客来了都不想走。据悉，近三年，楠溪江航空飞行营地已经接待了80多万人次。

如果说楠溪江航空飞行营地是"阳春白雪"，那么楠溪江绿道则是"下里巴人"——零门槛参与体验。这也是楠溪江游客的新时尚、新选择。

徐俊介绍，目前沿着楠溪江两岸，已经建成的绿道达到24千米。记者在枫岭镇体验了这种"小幸福"：沿着江岸，集骑行道、跑步道、游步道三种功能于一体的绿道，就像一条彩色的巨龙蜿蜒游动。眼下正是秋高气爽的季节，游客很多。除参与传统的楠溪江竹筏漂流外，更多游客"上岸"了，租赁单人或双人、多人自行车骑游，或是用脚步丈量楠溪江两岸。他们还可以选择下榻两岸的民宿，光是枫林镇绿道沿线的7个村落，就有二十多家、几百张床位，早上起来绿道上跑跑步，呼吸呼吸清新的空气，这又是一种新的美妙体验。

绿道不仅增添了楠溪江新的灵动、新的色彩，而且让楠溪江两岸原本点多、景散的问题迎刃而解——绿道把各个分散的景点串联了起来，增加了景点间的互动，有利于打造全域旅游，形成多元化、多层次的运动休闲体系。目前，楠溪江两岸的绿道已经开始迭代升级，包括建设分级驿站、增加里程标识、实施智慧赋能，原本单纯的山水楠溪江正在形成大体育、大旅游、大产业的新格局。

（黄维　王占苗　李雨童）

文成县：打通文旅体融合发展新赛道

文成县在省内知名度不算高，是小县、山县，还是一个"穷县"。不过在国外，尤其是侨界却大名鼎鼎，数十万华人华侨遍及世界各地，文成是继青田之后浙江第二大侨乡。

除侨乡这张金名片外，文成还有一张独一无二的金字招牌——刘伯温故里。刘伯温是明朝开国元勋，自幼博览群书，诸子百家无一不窥，有"神童"之誉。"文成"就是刘伯温的谥号，也是浙江唯一以人名命名的县。

兼具独特的山水与人文资源，文成体育能够下一盘怎样的好棋？在推进山区县的共富路上，体育又有怎样的贡献力？面对这些问题，文成县体育事业发展中心主任吴刚笑而不语。他给记者递过一堆厚厚材料：林林总总的体育规划、方案，以及可行性报告。一二三四五，共五大本。这一本本规划是思想、蓝图，也是体育助力共同富裕的路径。吴刚富有诗意地表达："我们着力在打通一条文旅体融合发展的新赛道。"

文成县下辖16个乡镇，其中9个在实施绿色、低碳、可持续发展目标中，都瞄准了运动休闲领域。因地制宜做好体育与旅游、康养、文化、农业等融合发展的文章，"县里主导、参与顶层设计，各个乡镇进行探索与推进，突破乡镇振兴建设同质化瓶颈，打通产业壁垒、汇聚多元数据"，吴刚说。他的眼界，不像体育行政干部，更像是经济学专家。蓝图已描绘，关键在落地。在文成，记者见证了文旅体已在深度融合。

即便在县城，也是开门见山；出门就是爬坡，九曲十八弯的山路。坐车20分钟后，海拔已经升高到600米以上。吴刚带记者来到了百丈漈镇——一片高山台地，天顶湖就像一颗璀璨明珠镶嵌其中。这里也是百丈漈飞瀑的源头，飞瀑垂直高度208米，全

竞跑共富路
—— 71个浙江体育的实践样本

国单体落差最大,闻名遐迩。

吴刚调侃,下次再来百丈漈,不再只是看山看水看风景,而是好看又好玩。"玩"什么?百丈漈镇的镇长夏青云来了兴致,"38个运动休闲项目,任选"!

一张区域规划图,让记者的眼睛为之一亮:天湖极限悦动城。这是百丈漈正在打造的省级特色小镇蓝图。小镇已于2021年开工建设,计划建设周期为五年,投资39.88亿元。建成后,将会借助百丈瀑布、天顶湖独一无二的景色,成为文成县重要的运动休闲度假胜地,预计年接待游客150万人次,新增就业岗位1000个,旅游年均综合收入10亿元以上,年税收1亿元以上。

围绕运动休闲这个主题,小镇布局了38个项目,打造了"一环、一廊、两芯、九片区",满足游客卡丁车、水上运动、航空飞行基地等一站式体验。同时还计划打造一条长达23千米的绿道,满足游客骑行、徒步以及半马等需求。

一些运动休闲项目已经捷足先登,如"大月湾生态休闲乐园"。这里原本只是一个普通村落,现在已是一家集休闲观光、亲子游乐、拓展训练、极限运动为一体的生态休闲乐园,给都市一族以世外桃源的体验。如果你对绿植感兴趣,可以到采摘园、百亩花田、特色农业种植园等欣赏和体验;如果你想放慢脚步、放松身心,也有森林星空露营、小木屋、森林氧吧等歇脚;如果你想体验刺激与尖叫,那么越野卡丁车、玻璃栈道漂流可以让你感受风驰电掣……无论是谁,在这里总能找到自己的心之所向。

距百丈漈镇相距40分钟车程的铜铃山镇,号称"文成的西藏"。海拔更高、更为偏远,且雨多雾重、夏凉冬冷。这座高山乡镇森林覆盖率达到95.4%,平均海拔900多米,既是国家森林公园,又是森林氧吧小镇,就连在"浙江体育史"上,都值得记录一笔。铜铃山镇坐拥两座滑雪场,是浙江冰雪运动第一镇。铜铃山冰雪运动小镇,早就跻身省级运动休闲乡镇培育名单。就连铜铃山镇的LOGO也是以冰雪为主题,由滑雪造型人物与一把雪橇组成。

两座滑雪场分别是天鹅堡室内滑雪场和绿水尖室外滑雪场。天鹅堡室内滑雪场的滑道长近200米,规模在华东地区都排得上号,白天滑雪、晚上纳凉,这里是远近闻名的避暑胜地;绿水尖室外滑雪场又是另一番风情,冬天滑雪、夏天滑草,各有各的美。借着北京冬奥会的东风,铜铃山的冰雪经济蛋糕也越做越大。

除冰雪运动经济外,铜铃山还在做更大的"体育蛋糕"。利用丰富的山地资源,打造越野车赛道,组织举办C2汽车丛林挑战赛;森林探险、房车露营、人工攀岩、高空拓展、航空飞行等时尚运动,也正在论证或引进、培育之中。与此同时,农家乐、民宿等配套产业也迅速跟上,原本人迹罕至、山高路远的高山镇,越来越具独特魅力。

这里也是吴刚最愿意"动脑筋"的地方。他一直坚信,运动赋能铜铃山大有可为、大有作为。在县里支持下,吴刚致力于推动的"铜铃山运动休闲综合馆"终于竣工,包括 12 片气排球场等。在文成县"体育疗休养计划书"中,铜铃山镇或许会成为第一片试验田——以运动、休闲、康养为载体,为全省机关企事业单位职工的疗休养团队提供一站式身心管理,包括压力管理、思维拓展、情绪调整、锻炼放松、身体康养等,特色定制线路、专业定制产品、个性化提供服务。"现在组织的疗休养,普遍比较单调、乏味,只有坐车、游览、吃睡。如果在疗休养的过程中可以参与冰雪体验、练练瑜伽、游游泳,甚至还可以根据爱好参与休闲运动会等,是不是更有吸引力",这是吴刚的设想。

在文成县谋划的"生态体育之城"空间布局中,刘伯温故里南田镇的定位可谓是独树一帜——南田伯温智力运动中心。"三分天下诸葛亮,一统江山刘伯温;前朝军师诸葛亮,后朝军师刘伯温。"这是后人对刘伯温的高度评价。这也让文成体育深受启发。目前,与文成内涵、形象、气质高度契合的智能体育赛事中心正在打造之中,即以 5A 景区刘基故里作为大本营,引进、培育,甚至打造具有刘伯温故里鲜明特色的智力体育赛事,包括承办围甲联赛、象甲联赛,以及中国魔方锦标赛、乐高中国新星赛、中国魔方少儿联赛等。在参与体育的过程中益智、启智,达到身心兼修、体教融合的目的。精深玄奥的刘基文化与"最强大脑",在跨越数百年的时空后,在不远的未来将交集融合、交相辉映。

(黄维　王占苗　李雨童)

平阳县：在厚重的文化底蕴中"享体育"

平阳县濒海靠山，与浙江的省域地貌很像。平阳是个古县，拥有1700多年的历史与厚重的文化。平阳是温州南拳的重要发祥地、传承地之一，还诞生过百岁棋王谢侠逊，这些都是平阳颇具特色的民间体育优势。

"在经济社会快速发展的同时，让更多老百姓参与健身、享受体育、收获快乐，这是我们工作的出发点与落脚点"，平阳县文广旅体局副局长黄向民开门见山地说。

平阳的百姓，在经济高质量发展的当下，享受着怎样丰富的体育生活？

南拳与象棋，一武一文、一动一静，平阳拥有两个"国字号"招牌：全国象棋之乡、全国武术之乡，文武双全。

说起南拳，源远流长。很久以前，这里还是蛮荒海滩，先民们在空闲时节聚集在一起，做些简单的活动如扳手、搭马、举重等，嬉戏娱乐。逐步形成对练、角逐，模仿原始的搏击动作。通过不断摸索，总结出一套符合人体生理功能特点和地域特色，技击和健身相结合的运动方式，这就是温州南拳的雏形。平阳则是温州南拳的发祥地之一，平阳南拳被称为南拳中的"活化石"。据《平阳县志》记载，南宋年间，平阳县共有武状元12名、武进士260名，历史上曾被称为"男壮皆练武，村村有拳坛"的"拳窝"，现在也有"男壮皆练武，村村设拳坛"的美誉。

2014年，平阳从94个"全国武术之乡"中脱颖而出，成为10个武术段位制试点之一，也是浙江省唯一入选的地区。村村设拳台、村村有拳师，在这样的契机下南拳得到了更好的传承与弘扬。目前平阳有两所武校，练拳的孩子多达四五千人。而根据县武术协会的统计，全县各级武术会员达到9000多人。

武术是一种文化，也是一种精神。平阳为让南拳武术文化传播更广、影响更深远，县里投资近5000万元建设了"南拳文化园"，包括文化展示区、武艺商品区及武术活动区。其中文化展示区最具看点，涵盖名人堂、藏兵阁、宗史馆、南拳派别馆等展陈，在这里可以读懂千年平阳南拳的历史脉络。这座博大精深的南拳文化园，向公众开放后除能参观、交流外，还能习练与切磋，真正实现了寓教于展，传递了南拳文化的侠气、义气。

一张棋桌、一对弈者，这是在门口庭院、街头巷尾，中国象棋勾勒出的最普遍场景。作为传统体育技艺，兼具娱乐、益智功能，中国象棋在平阳有着悠久历史，最早要追溯到宋代。平阳象棋有着深厚的群众基础且人才辈出，"棋王"谢侠逊就诞生于此。

谢侠逊大名鼎鼎，4岁初知象棋门径，6岁领悟棋理，9岁通晓棋谱，10岁全县称雄，13岁与温州棋魁陈笙战成平手，名噪东瓯。14岁见清政府签订丧权辱国的《辛丑条约》，深为愤慨，拟制人生第一个象棋残局"八国联军"残局。31岁在我国第一次空前规模的象棋大赛中荣获冠军。41岁被全国象棋界推举为"棋坛总司令"。50岁出任巡回大使，下南洋向广大爱国侨胞宣传抗日救亡，劝募捐款。52岁与中共中央代表、南方局书记周恩来对弈，两盘和棋，第二盘残局定名为"共抒国难"，蕴含国共两党必须握手言和、团结抗战。谢侠逊的棋艺、棋德、棋风为中国象棋界竖起了一座永远的丰碑。

谢侠逊在平阳是一位奇人、圣人，他留下的不只是传说更是一种精神。长期以来，民间与官方都把传承与弘扬"棋王精神"作为己任，2017年至今已经举办了四届"谢侠逊棋王杯"全国象棋国际赛事，打造棋王故里的IP赛事。同时，修缮谢侠逊纪念馆，该馆包括"棋乡神童 名噪东瓯""棋坛司令 威扬四海""以棋为戈 情牵家国""锦绣诗文 世纪人生"等5个展陈单元，也是当地著名的爱国主义教育基地。

县文广旅体局因势利导，借助南拳、象棋这两项传统的民间体育，大力推动"南拳进校园""象棋进校园"，加强培训、组织社团、开展比赛，两年一个轮回，轮流推广与普及，每年至少扩面2000人。

南拳与象棋是平阳体育的"宝贝疙瘩"，而"百姓健身房"则是新时代的时尚。"百姓健身房"最早就诞生于温州，如今已经在全省推广，并开始在全国范围内复制。如何建设、管理、运营，如何更好地践行"体育让生活更美好"的理念，平阳在这方面进行了有益探索，这项工作走在全省前列。

百姓健身房是由各级体育部门联合投资，根植于社区、乡村等最基层，充分利用闲置房屋或高架桥下空间、金角银边土地等，改造为面向民众低价位或免费开放的室内健身场所。这一便民、利民、亲民的公共健身场所一经面世，就获得民众的极大欢迎，县文广旅体局组织社会体育指导员进驻，提供科学的健身指导。为缓解管理与运营中的痛点，平阳不断完善、迭代升级管理办法，制定出台了《平阳县百姓健身房管理办法》，这也是省内首个县级百姓健身房管理规范性文件。

记者了解到，目前温州总共建成的2.0智能百姓健身房共13个，其中平阳就占了8个。与1.0百姓健身房相比，2.0智能百姓健身房更具舒适性、功能更多元，一般都设有健身区、练操室、有氧运动和力量训练等区域，可满足各类健身人群需求。与此同时，体育数字化的场景应用也开始在平阳的百姓健身房"登堂入室"——利用大数据技术实时分析并汇总锻炼人数、设施利用率、运动健身效果综合评价等，还可进行线上对抗赛增强健身的趣味性、互动性；同时可参加国民体质检测，了解体重、体脂、肌肉含量等，结合运动数据更好地了解、评估锻炼效果。当然，体育部门也是数字改革的受益者，通过大数据不仅能全面掌握健身人群、人流等信息，还能了解哪些健身器材更受欢迎、哪些健身方式更有效，以更好地提升全民健身公共服务水平。

"享体育"不应该只有"规定套餐"，当然还要有"点单式"的。在平阳构建高质量的全民健身公共服务体系过程中，十分注重因地制宜、因季制宜，彰显个性与特色，满足多元需求。青街是一个畲族自治乡，两年前在这里承办了全国陀螺比赛与温州市民族运动会，旱地龙舟、高脚竞速、蹴鞠、竹竿舞等项目被挖掘与亮相。富有活力的体育运动，既能展示蓬勃的精神风貌，又能促进民族团结和谐。现在，民族体育还是能够让游客"留下来"的重要因素，也是活跃青街"夜经济"的表现形式。

一乡一品、一镇一特色。顺溪古镇，已经连续举办了四届古屋定向越野挑战赛，体育与旅游相得益彰；凤卧镇是中共浙江省一大召开地，"重走红军路"成为这里的品牌赛事活动；南麂列岛的体育则充满了海味海韵，国际海钓节举办了二十多年，海岛健康跑、沙滩趣味体育（铁人三项）和游泳等，既是全民健身运动也是体育经济新业态。

（黄维　王占苗　李雨童）

磐安县：办令人怦然"心"动的体育

天台山、括苍山、会稽山山脉重重，钱塘江、曹娥江、瓯江发源于此。如此的自然地理环境，使得磐安素有群山之祖、诸水之源之称，更是享有"浙中大盆景、天然氧吧城"之美誉。群山绵延、层峦叠嶂的山区小县磐安，是浙江山区 26 县之一，经济发展与发达地区相比有着不小的差距。

说到磐安，最具标志性地理方位的是"浙中之心"。磐安是浙江南北、东西交会点，因此从体育、旅游、文化开发的视角，具有得天独厚的区位优势。这些年来，磐安因地制宜，加强体育与文化、旅游、农业、教育、卫健等深度融合，兴办令人怦然"心"动的体育，让参赛者、体验者、观摩者常常流连忘返，这也成为磐安体育的特色名片。

筑赛道，古韵茶场增添"心"活力

约半个小时的车程，便可从县城到玉山镇。此地海拔 500 米左右，地貌属"高山台地"，为高山茶叶、冷水茭白提供了良好的生长环境。

玉山镇马塘村有全国重点文物保护单位、全国唯一现存的古代茶叶交易市场遗址——玉山古茶场，同时这里也是国家级非物质文化遗产——"赶茶场"及"迎大旗"的集结地，以及全国舞龙文化发源地。2006 年，时任省委书记习近平来此调研，给予"要保护开发好玉山古茶场，主要是保护好，在保护中有一定的利用，在开发中继续弘扬"的殷切嘱托。为积极探索玉山古茶场及蕴含的茶文化，2021 年，在古茶场的门口

兴建起磐安玉山山地自行车公园。赛道以古茶场为起终点，全长 5.75 千米，平均宽度 2.1 米，依托茶场周围优美的自然环境以及复杂地形，设置多种难度的技术点，使其成为一条镶嵌在自然山水中的专业赛道。这条赛道也是 2022 年第 17 届省运会山地自行车项目的赛场。"海拔最高的省运会赛事"成为又一重要术语。

办赛事，山村小镇迎来"心"经济

古韵茶场风光秀丽，山地自行车赛道蜿蜒盘旋。玉山山地自行车公园除营造激情四射的运动氛围外，还为玉山旅游产业转型升级提供了良好契机。

2021 年全省青少年山地自行车锦标赛举办期间，向头村望湖楼湖景山庄农家乐营收额近 8 万元，村内其他农家乐营收额普遍也在 5 万元左右。这对于当时正处旅游淡季的农家乐从业者来说，是一笔不小的收入。为迎接第 17 届省运会，这两天向头村翰雅轩民宿老板张萍亚正在为民宿装修升级，她说："希望借着这次'东风'把自家民宿打造成精品民宿。客人吃住开心了，以客带客收入就能更上一层楼。"

"比赛在马塘村，吃饭住宿在不远的向头村，运动员骑车的来回之间就能激发周边村镇的经济活力"，磐安县文广旅体局局长陈滨潮介绍。

享赛果，体旅融合促动"心"共富

除山地自行车引客外，2019 年举办展现磐安"药都故里"的中药寻宝越野公开赛，为当地中草药、中药膳打响了知名度；地处婺江源头，结合当地优势生产室外无边泳池的尚湖镇威邦集团，2021 年产值达到十多亿元，带动了当地老百姓就业致富；发挥气排球深厚群众基础，承办浙江省气排球锦标赛（磐安站）比赛，拉动了当地夜经济消费……这都是磐安体旅融合促共富的良好范例。

"疫情之前，磐安的体育赛事基本上是一周一小赛，一月一大赛"，县文广旅体局党组成员孔巧灵表示，近年来磐安为持续响应"全民健身""体育强国"的号召，在疫情允许的条件下，积极开展、承办各类各项赛事，致力于恢复磐安体育赛事不断的昔日荣光，打造好这张体育共富县的"磐安名片"。

陈滨潮表示，磐安各项赛事的举办和承办，还是省一级赛事在乡村举办的标志性成果。通过举办赛事，不仅夯实了群众体育基础，同时也带动了相应的场地及配套设施建设，促进了相关产业发展，是以体育带动乡村共富的优秀模板。磐安"体育+旅游"融合发展模式将赛事运动与旅游、农家乐、土特产销售等深度融合，开创了以乡村空间为载体、以特色体育产业为引擎、以体育设施为条件的体育产业创新发展集聚区。

　　未来，磐安将发挥好生态优势，继续通过举办各类各项赛事，营造全民健身氛围、提升体育竞技水平、促进体育产业发展，打好、打响运动山城这张"磐安名片"。在展示磐安山水人文景观、展现磐安"浙江之心"魅力的同时，以"体旅融合"助力乡村振兴，助推共同富裕山区样板县建设。

（谢嘉伟）

武义县：从体育"吸睛"带动经济"吸金"

一提到武义，人们总会想起"萤石之乡""温泉之城""中国天然氧吧"。山水秀丽的武义，还有一个身份是"国家级体育产业示范基地"。近年来，这座流淌着运动基因的城市持续发展航空、汽摩、冰雪、水上、山地户外等时尚运动休闲业，成为全省唯一具有五项户外运动基地的县份；球迷和户外休闲用品、电动冲浪器材等体育制造业，以科技研发、设计创新为引擎，抢占体育制造业新高地。截至2020年，作为浙江山区26县之一的武义实现体育产业增加值13.38亿元，占全县GDP比重达5.1%，远超全省1.36%的平均值。

无论是户外时尚休闲运动还是新兴的体育制造业都有一个共同的特点——"吸睛"，体育"吸睛"成了这座小山城"吸金"利器，既激发了体育活力，创造了就业机会，也活跃了区域经济。

"我们虽然也受到了疫情影响，但仍稳步发展"

"这里是浙江省最先开展动力三角翼滑翔运动的营地。全年风向稳定，净空条件好，降落区域也是目前全国面积较大、设施较优的基地之一。除了大众休闲项目外，滑翔伞国家队也常来集训"，武义大斗山飞行营地负责人陈露君透露，营地拥有标准草坪飞行跑道1.2万平方米和山顶滑翔伞起飞平台500平方米，开设滑翔伞、三角翼、动力伞、热气球等多项飞行体验项目。2017年以来，先后举办过动力悬挂滑翔伞锦标赛、滑翔伞定点联赛等多项全国性赛事，被授牌为国家级航空飞行营地，也是中国体育旅游精品景区。

2020年以来，小众的时尚运动项目逐渐进入大众视野，特别是新潮的户外运动。如今营地还增加了露营项目。露营经济不仅与旅游挂钩，更是植入户外体育项目，吸引力不断增强。即使受到疫情影响，武义大斗山飞行营地仍"蹿红"朋友圈，旺季日人流量达到两百多人次，年营收稳定在三四百万元。

运动休闲体验，有别于武义传统的山水旅游。游客在体验滑翔伞的同时，还可以参与露营、漂流、卡丁车赛、丛林穿越等休闲项目，形成优势互补、资源整合。县文广旅体局通过一系列体育赛事聚集人气，如水上冲关、清凉嬉水节等，努力让体育旅游与"武义温泉"一样，成为武义的"金字招牌"。

"户外用品产量和出口量均占全国的40%以上"

"我是2005年来公司的，月工资九千来块钱，但作为农村妇女，我很满足"，浙江圣雪休闲用品有限公司的车间工人吴立青与该企业1000多名员工一样，感受到了武义体育产业的发展带来的就业红利。

这家公司以生产帐篷、登山衣、沙滩床等全系列户外运动旅游用品为主，建有院士专家工作站，具备自主研发生产能力，已研发新品近500余款，申请专利100余项。外销内销市场齐发力，使圣雪公司在激烈的市场竞争中脱颖而出。目前，在欧盟、美国等地区注册多个自有品牌，成为全球知名连锁零售业巨头沃尔玛、家乐福、Kmart、TARGET、红迪普、LIDL等的长期合作伙伴。2021年企业产值超8亿元，目前户外折叠桌椅产销量位居全球第二。圣雪公司内贸线下负责人王飞介绍："国内消费者对新事物的接受速度高于欧美国家，未来国内的专业露营市场会变得越来越庞大，对企业来说是发展机遇。"

武义是全国旅游休闲用品的重要生产基地之一，也是生产规模较大的地区之一。县文广旅体局相关负责人告诉记者，帐篷等休闲用品出口欧美、南美及澳大利亚、日本、韩国等30多个国家和地区，户外用品产量和出口量均占全国的40%以上，全县规模以上工业休闲用品产业有69家。

"2006年世界杯以来，我们都未缺席"

"卡塔尔世界杯的日子一天天临近，最近正在加班加点赶订单"，浙江金诚文化创意有限公司负责人吕珠园兴奋地说。这家看起来并不显眼的武义体育制造企业，是国际顶级赛事的"常客"。

早在 2006 年世界杯前,吕珠园在德国和朋友一起观看足球比赛,此前未曾关注过足球赛事的她,被现场球迷激情助威的氛围所震撼。同时,她也发现球迷用品需求大、种类少,很有发展潜力。她说:"这就是商机,回来就对接世界杯业务,组织生产球迷周边产品。从德国世界杯开始,每届我们都未缺席。"从世界杯扩圈到夏奥会、冬奥会、欧洲杯等国际顶尖赛事,其自主研发的各类球迷用品、周边商品从武义走向世界。北京 2008 年奥运会,金诚公司就为奥运赛事提供了 18 万余面国旗、奥林匹克旗等。

走进金诚公司的展示厅,记者被五颜六色琳琅满目的产品吸引着。从助威旗帜到钥匙链,还有各类围巾、球迷假发、衣物、眼镜、号角……多达上千种。吕珠园告诉记者:现在公司不仅参与顶级赛事的球迷用品生产,也看好国内的赛事市场,如第 17 届金华省运会球迷用品的研发、生产,像水笔、吉祥物钥匙链、人偶等 27 种产品都非常受体育迷欢迎。

(郭必文　陆英健)

衢江区：山区经济别有"洞"天

衢州市衢江区是浙江山区26县之一。除主城区外，大多数乡镇都属山区或半山区。这次记者到访的灰坪乡，距城区58千米，下了高速公路后跑的都是山路，看不到尽头。

说到灰坪乡，记者在2001年曾经来过。记得从杭州坐大巴，晃荡颠簸五六个小时才到。出游目的是"山洞探险"，爬山、钻山洞、野炊，以及搭帐篷露宿，在原生态山野中"吃苦"的经历印象深刻。

这次来采访，记者还是奔着"山洞"而来。从杭州到衢江灰坪乡，绝大多数走的是高速公路。行程两个半小时。比上次来时的车程，足足缩短了一半还多。

虽然是山区乡镇，沿途的村庄屋舍俨然、窗明几净，一派欣欣向荣景象。乡长袁志斌在"春溪民宿"等候，"民宿的老板就是乡贤回归后开办的。灰坪已经有好几家民宿、农家乐了，还有几家在建造或装修中"，一见面，袁志斌就唠叨开了，显得特别自豪。

海拔六百来米的山区，开办民宿、农家乐谁来消费？灰坪乡不缺游客，旺季时全国各地的人蜂拥而至。灰坪乡有着独一无二的"土特产"——这里的溶洞群资源十分丰富。袁志斌介绍：已经探明的就有8个，包括"两头洞""白塔洞""金鸡洞""洞春洞"等。这些名字都极富诗意，令人向往。因此，灰坪也成为全国洞穴探险爱好者、户外攀岩爱好者的"天堂"。

光听听介绍，显然不过瘾。能不能爬山探洞？乡长显得特别有底气："你们选吧，任何一个山洞都足够震撼！"我们便点了"两头洞"的名字。两头洞位于杜家田村，从山麓到洞口需要一刻钟的路程，因洞内有两个进出口而得名。洞口横亘一石壁，犹如雄狮守洞。洞内雄伟壮观、气势磅礴，长五百余米、宽五十余米，上下高六十余米，可同时容纳3000人。擎天石柱如同鬼斧神工，令人叹为观止。

外行看热闹，内行看门道。我们感叹的是自然的神奇，而灰坪人眼中最看重的则是"资源"：双头洞早就被攀岩爱好者"相中"，这里是自然攀岩的绝佳场地，开发攀岩路线三十多条——仔细观察，洞内岩壁上安装着不少攀岩装置。而预计可开发的攀岩路线达三百多条。这可是"宝藏双头洞"啊！

因此，灰坪常年有攀岩探险爱好者慕名而来，受到广泛青睐与好评。尤其在华东地区，灰坪的山洞探险、自然攀岩在业界是有一定知名度和影响力的。

这么好的资源，不办赛事可惜了！3年前，中国户外极限运动公开赛总决赛在这里举行，两头洞正是攀岩比赛的赛场。为了这场比赛，区、乡联动，对进村道路、基础设施进行整体改造提升，村容村貌焕然一新。比赛期间，灰坪乡接待了2000多人，比过年过节还热闹。CCTV5、新华社等40多家媒体争相报道，"华东第一攀岩基地"的名头不胫而走。一位来自南美的选手评价：洞穴攀岩赛事非常美，大大出乎意料。

这项大赛让灰坪声名鹊起。有些攀岩爱好者在赛后将大多数时间留在了灰坪，这里成了他们的第二故乡，平时除自己爬山、攀岩外，也成了洞穴攀岩的向导与教练；有时也与团队一起自发组织比赛，或是举办露营、拓展等活动，成为让灰坪溶洞"走出去"、扬名国内外的重要推动者。

尝到甜头后，灰坪乡还在谋划更多运动休闲产品，比如，打造华东天坑大型交响音乐会、千里岗运动探险、绝壁草上飞等项目，全力推进极限运动配套项目落地。一旦项目落地，灰坪将转型成为汇集专业攀岩、探险攀岩、大众攀岩、娱乐攀岩的综合型攀岩基地和跑酷、"三氧"等极限运动之乡。

除溶洞资源的岩色外，袁志斌说灰坪的色彩还有绿色和红色。绿色资源就是好山好水好生态，平均海拔600米，森林覆盖率达96%以上，每立方厘米含有负氧离子2.8万个，是高山"天然氧吧""绿色宝库"；灰坪还是浙江第一批"红军村"，除保留不少红军遗迹外，还在做"红色+体育"的文章。在上坪田村，有红军烈士墓、红军松、红军战壕、红军故居等红色旅游景点；同时，还建设了游步道、真人CS等运动休闲设施，"走红军路、品红军饭、体验红军真人CS"的设想正在组织实施中。袁志斌想象中的场景也正在实现：越来越多的游客愿意来到灰坪，爱好刺激运动的可选择洞穴探险、飞檐走壁；爱好户外运动的可爬爬山、走走古道，身心双修。"人来了，民宿、农家乐不愁了，山货可以卖得更俏，好山好水也能赚钱"，他说。

离开灰坪前，袁志斌郑重递过一本精美的《灰坪投资指南》，他发出诚挚邀约：华东洞天福地、浙西康养之乡,灰坪值得投资!袁志斌透露,最新探明的一个溶洞,初步探测洞内面积有好几百亩,景观资源十分丰富,"或许又是一个宝藏溶洞"。

(黄维　郦琪琛)

柯城区：真金庸·最武侠，好功夫了不得！

"镇长贵姓？""免贵姓郭，郭靖的郭。"

在衢州市柯城区石梁镇麻蓬村，接待记者的是副镇长郭华。这样打招呼的方式，是不是"很江湖"？岂止是很江湖，而是"很麻蓬"。

这个麻蓬村，居然与"郭靖"沾得上亲戚关系！郭靖是金庸小说《射雕英雄传》中的重要人物之一，而名不见经传的麻蓬村，则是金庸武侠思想的重要萌发地——村口的一块巨石上，就是这么写的：金庸武侠思想重要萌发地。

时间回溯到20世纪40年代。抗日战争全面爆发，为躲避战争，一些学校纷纷搬迁，衢州一中从城里搬迁到城外6公里的麻蓬村。1941年17岁的金庸正是这所名校的学子。他白天在学堂上课，晚上就住在麻蓬村闲置的屋舍。在这里，金庸度过了两年的难忘岁月。

说到这个麻蓬村，堪称传奇。明清年间，麻蓬的祖先从江西迁居而来，此后数百年一直在这里繁衍生息，至今保留着江西的方言，代代相传。或许正是因为这样的身份，麻蓬村喜好习武，为免受乡邻欺负。据当地老一辈村民介绍，金庸先生在衢州求学期间，麻蓬村武风盛行，至少有数百人"身怀绝技"，当时还有"比武招亲"的习俗。耳濡目染，麻蓬村的武风对金庸先生产生了深刻影响。现在，在麻蓬村还留有金庸当年手植的一棵板栗树。据说金庸先生笔下的"桃花岛"原型也是在麻蓬村。

距离上述年代已经过去了80年。当记者走进麻蓬村时，见到的是这样的盛世繁华——屋舍俨然，鸟语花香，一派欣欣向荣的景象。村委会主任方伟东自豪地介绍："村里办了共享食堂，为老年人免费提供可口的一日三餐，这样的老人有50人。"麻蓬村是柯城区未来乡村试点之一，难怪处处都走在"前列"。

麻蓬与众不同的气质在于，连空气中都洋溢着武林风。白墙黛瓦间有着武侠之情愫：麻蓬村的墙绘，都是金庸笔下的武林人物或武打场景，主题墙绘超过2000平方米。不少农户庭院中，展陈着十八般武器，这又是武林世家的重要印证。流传数百年的十三太保拳，现在已是衢州市级非遗项目。方伟东介绍，不足千人的麻蓬村，习武之人多达两三百号。

昔日习武是抗击倭寇，保全身家性命；现在练武是传承文化，建设美好家园。区文旅体局党组成员祝亚林介绍：麻蓬村的发展定位就是"武术特色村"，通过弘扬武术文化，有效促进乡村振兴。这几年来，先后投资2000万元，以"金庸武侠思想重要萌发地"为主线，一个独具特色的武术风的轮廓逐渐清晰。

金庸广场、"温家堡""龙门客栈"等富有侠义韵味的建筑，悄然出现在麻蓬村。来到村里，可以到书局翻翻金庸的武侠小说，可以到梅花桩上练练身手，也可以跟着村里的老拳师习习武，或是到"龙门客栈"用膳（就连菜单都令人食欲大振，"冰魄银针"是捞汁豆芽、"胡一刀"是拍黄瓜、"降龙十八掌"是卤鸭掌）。如果有人出现一些跌打损伤，老拳师还可以通过望闻问切对症下药。与此同时，自2019年起麻蓬连续三年举办武林大会，吸引了来自全国各地的千余名武术爱好者，推动了麻蓬武侠文化思想的交流推广。方伟东介绍，刚刚过去的暑假以及周末村里经常出现堵车现象，最多时有五六百辆大小车辆进出。

"今年1~8月，村集体经营性收益超50万元。年底加上文化业态的租金，预计总收入达100万元"，方伟东踌躇满志。村里还流转了7幢闲置农房，计划用于打造古装摄影、武侠剧本杀、"兵器铺"等新业态。衢州市还打算在这里规划建设武术博物馆，通过聚焦"武文化"让氛围更浓，对游客的吸引力更大，对乡村振兴的贡献更多。

而距离石梁镇麻蓬村10千米的九华乡灵鹫山国家森林运动小镇里，运动爱好者成群结伴，体验滑索的快乐、徜徉树顶步行桥等，人在树林中行走，与自然亲密接触。5年前，九华乡的大荫山丛林飞越探险乐园开园；同年，柯城森林运动小镇入选全国首批运动休闲特色小镇试点项目，引进总投资100亿元的中国运动汽车城项目，致力于打造长三角地区极限运动冒险胜地。以灵鹫山森林运动小镇为例，其已吸引游客超过100万人次，旅游收入超5000万元，带动发展民宿77家，促进当地农民增收近2亿元。为推进这个"运动小镇"迭代升级，区里抽调精兵强将攻坚克难，上下联合作战。现在"运动小镇"的规划早已不再局限于九华乡，而是放眼更大地域，涵盖4个乡镇，占地140平方公里，形成"3个主题运动区+2条森林穿越小道+2个康养配套区"的框架体系。

祝亚林介绍，柯城区虽然是衢州主城区所在地，但区域面积中的大部分仍是乡镇、农村，山地资源丰富，相较于衢州其他县（市、区），交通相对便捷，区位优势明显。在乡村振兴过程中，柯城计划打造10个体育特色村，如麻蓬村的武术、坎底村的溯溪攀岩、顺家路边村的智能运动、荷塘村的田园运动、桥头村的乡间骑行、上铺村的汽车越野、新宅村的丛林穿越、妙源村的农耕运动、大侯村的登山徒步等，通过"组团式"串珠成线，形成聚集效应，真正实现富民强村。"高品质、差异化、可持续的赛事活动，能够助力柯城迅速打出风格、打出价值、打出品牌，从激烈的市场竞争中脱颖而出，引领创新发展"，祝亚林认为。

目前，这个美好设想正在逐步落实、推进之中，且已经呈现初步成果。运动休闲通过竞技赛事、体育表演、体验互动等，为乡村带来了大量人流、资金流和信息流，有效串联起旅游、农业、文化、健康等产业，盘活了乡村沉睡的资源，重构了乡村消费产业链，成为撬动乡村振兴的支点，包括带旺一大批民宿、农家乐，运动集聚转化为产业集聚，更是"动起来、好运来"的真实写照。

（黄维　郦琪琛）

开化县：生态体育为钱江源共富"开源"

位于浙西的开化县，是浙江母亲河钱江源头，山重水复、层峦叠嶂。长期以来，"老、边、穷"几乎成为开化的代名词。

一片青山绿水，一硅飞上蓝天，一叶飘香四海，一刀雕出乾坤，一举享誉世界。"五个一"生动形象地道出了这座山区小县隐藏着的"秘密"。其中的"举"，特指两届举重奥运冠军占旭刚，他是土生土长的开化人。

在推进"共同富裕"进程中，开化巧借"青山绿水"做文章，运动休闲悄然在山水间兴起，不破坏生态、不污染江水，留下的是美好印象与快乐体验，送走的是一拨拨游客与一箱箱土特产。这是不是开化体育在推进共同富裕进程中，找到的最适合自身发展的一条道路？

好山好水好运动

八百里钱塘江从开化古田山起源，最上游这段叫"马金溪"，夹在两山间悠然南下。位于开化县城八公里的音坑乡下淤村，马金溪穿村而过。这是一个典型的山区村落，早些年村民们大多外出打工谋生。眼下外出打工的少了，反而"城里人下乡"的多了，让村民留下来、游客引进来的正是得天独厚的运动休闲资源。

"治水造景"是下淤村的关键一招。以前，村民们在马金溪里挖沙谋生，但赚了钱的同时生态却遭到了破坏，"捡了芝麻丢了西瓜"。在借"五水共治""三改一拆"这套组合拳后，水清了、岸绿了，沿着河滩还新建了一条夜光绿道，晚上也能跑步、健走，很快这里便成为网红打卡地。下淤村趁热打铁,引进不少运动休闲项目,村里的大草坪引进了全省的木球比赛;凭借一江好水建起水上运动中心,龙舟竞渡、竹筏漂流等好生热闹,还包括农事体验、户外烧烤等项目。经过几年打造,下淤村已成为休闲特色村,衢州、江西、安徽等地的旅游大巴开到了村里,北京、上海来的艺术家在这里开了工作室。昔日冷冷清清的小山村,现在成了人声鼎沸的大热门。

与下淤村相距半小时车程的华埠镇金星村,也通过运动休闲发生着嬗变。这个村以前的一大片丘陵荒地,变成了眼下的一座运动休闲公园,还有个好听的名字:花牵谷景区。山青水绿、鸟语花香的场景,让谁都无法想象若干年前这里还是座年出栏一万头生猪的养殖场!

"之前,花牵谷确实只是一片'花海'。赏花能集聚人气,但留不住人啊",这是景区负责人汪建新最为焦虑的。"赏花聚人、体育留人",花牵谷综合施策,建成了1200米的玻璃水滑道,还有一座较大规模的卡丁车赛场,同时引进丛林穿越、骑马体验项目等。以前周末人流量不到1000人,现在基本维持在6000人以上。

引人引赛引财源

音坑乡的下淤村、华埠镇的花牵谷,都是"栽得梧桐树,引来金凤凰"的生动体现。宁波游客刘晨已是第三次来下淤,"这里有赛事的时候很热闹,平时则幽静惬意,动静皆宜适合度假"。他最早是四年前来这里参加亲子运动会,之后几乎每年都要来一次。像刘晨这样的"回头客",近的来自杭州、宁波、上海,远的来自甘肃、河南、青海,甚至还有丹麦、新加坡的外国朋友。"旺季时每天接待50辆大巴车。上周末,一天接待的人数在6000人以上",下淤村水岸旅游开发有限公司主管胡艳华告诉记者,"亲子运动夏令营、农业特色体育、水上趣味挑战……游客对覆盖水陆空的运动休闲项目充满好奇和向往"。

好山好水引进了源源不断的客流,也把原本外出打工的村民们"引"了回来。在下淤村创办了"斑马水上运动基地"的80后叶月明就是其中一个。他原本在上海、杭州工作,现在家门口有了机会后,毅然决然回乡创业。同样有上海创业经历的段书全,也来到下淤村开办了高档民宿。"预订一张床位,最长需要等一个月",段书全说这话时显得特别自豪。

推动生态体育的繁荣,光靠体验、参与往往不能持久,需要赛事提档升级、持续加温。叶月明早就在动这个脑筋了,30岁生日那天,他一个人从钱江源头划艇至开化县城,耗时8小时,引起很大轰动;两年后的40岁生日,他希望谋划出一项更具轰动效应的赛事——从马金溪划到钱塘江。他还在筹划斑马水上运动基地的赛事,以及在马金溪定期组织水上趣味拓展比赛，让游客成为草根选手。叶月明说："越是'土'的比赛，越会受到拥趸，越能引起兴趣。"花牵谷景区也在动办赛的脑筋，2021年举办过全省的定向比赛，现在又向县文广旅体局打了报告，申请举办全国性的卡丁车邀请赛。"办赛事能够引人流，还能扬名气"，汪建新说。

县委、县政府对体育赛事高看一眼、厚爱三分。借助好山好水，多年来举办开化马拉松赛，有的年份甚至举办过两场，仲春跑马闻茶香，金秋跑马赏秋景，各有各的美。作为占旭刚的家乡，开化也把举重赛事作为重点打造的品牌，名将云集、央视直播，县文广旅体局党委委员张溪文感慨："没想到，一场赛事居然能给开化带来如此大的知名度、美誉度与影响力。"

共建共享共富裕

作为山村村落的下淤村，无疑是运动振兴乡村的典范。一组数据很能说明一切：全村313户、987人，拥有民宿36家、510个床位，去年共接待游客42万人次，收入1360万元，村集体经营性收入达300万元。"下淤的实践，带了好头，也给兄弟村庄的发展带来了启迪。我们也在复制更多乡村，充分整合农、旅、体、文的资源，吸引更多游客来到音坑，消费音坑，发展音坑"，音坑乡党委委员汪晓玮期盼着。

"各方力量和资源集聚乡村，以人为本、共建共享，才有源源不断的生命力"，张溪文表示，运动休闲具备开放性、包容性和带动性，随着生态体育品牌打响，开化"体育+旅游"产生的井喷现象必然还将继续。

（黄维　郦琪琛）

常山县：以赛为媒，"常"来"常"往！

常山是一座小城、山城。常山胡柚名气可不小。不过，除了"常山胡柚"，你还听说过其他具有区域辨识度的特产吗？有！这就是"常山自行车"。

在常山县郊的一大片丘陵地带，还规划建设了一座山地自行车运动公园。迄今，连续六年举办的中国山地自行车系列赛，已在业界小有名气。以赛为媒，"常"来"常"往，让常山的体育、经济尝到了甜头，成为推进山区26县之一的常山共同富裕的重要引擎。

一座公园，带旺骑行运动

常山并没有先天自行车运动禀赋。前些年，体育部门动起了县郊一片丘陵的脑筋，因地制宜建设一座"山地自行车运动公园"。此后，引进中国山地自行车系列赛事，让常山成为这项运动重要的打卡地，几乎国内所有的自行车运动奥运冠军、世界冠军都来过常山。

赛场内外比拼角逐一样激烈、精彩。赛场内来自各地的自行车高手爬坡、飞车、竞速，热火朝天；赛场外，吸引了里三层外三层的观摩者，由此带来的是小城酒店、宾馆客满，"常山三宝"售罄，农家乐、大排档爆棚，旅游景点人头攒动。这些都让县文广旅体局副局长邹志锋倍感意外，更令他惊喜的是这项赛事也让常山自行车运动从无到有，自2020年县青少年山地自行车队组建以来，已获得省级以上赛事金牌17枚，不断刷新着常山竞技体育历史。

以赛为媒，山地自行车运动公园吸引了安徽、江苏、山西等省的队伍前来集训，也成了浙江省山地自行车训练基地。平时，主题公园作为"浙江省运动休闲旅游示范基地""浙江省十佳运动休闲绿道"，也是省内外自行车爱好者骑行体验乐园。沿线5个行政村，共启动数十个乡村整治项目，村庄面貌大变样。"柏油公路进了村，农家房屋恢复古风、院子成花园，好事也找上了门。"42岁的村民包家华在渣濑湾村开饭店近十年，他说2016年是具有标志性意义的时间节点，"自行车公园迎来赛事高峰，也为饭店带来源源不断的客流。"

一个创意，激活山野乡村

赛事经济的"美"，看得见、摸得着，能复制、易推广。距县城半小时车程的白石镇新塘岭村"现学现卖"，效果立竿见影。

这个村，依山傍水，山地资源丰富。有一处景点叫"不老泉"，意即山好、水好，喝了长生不老。体育锻炼的本质，就是全民健身、增强体质。两者有着异曲同工之妙。

2019年，新塘岭村申办衢州马拉松系列赛亲子跑。150对亲子家庭参赛，沿途数千余人加油助威，新闻宣传让这个村声名鹊起。村党支部书记李理福介绍，这是新塘岭村第一次邂逅体育赛事，"效果好得出奇"——8公里的赛道，成了村民们的"土特产一条街"；来参加比赛的运动员，不少成了回头客；更重要的是，村民开阔了眼界，培育了"走出去""引进来"的理念。2021年，这项赛事在新塘岭村梅开二度，当然接下来还会继续相约新塘岭。

现在，这座山村完全是体育赛事的拥趸。原本的荒地山坡上，开辟出露营区、烧烤区，还可以举办木球赛事，春赏花、夏摘桃；山塘水库，既可垂钓，又能体验水上竞技运动；山林间，可以登高、徒步、丛林穿越、户外拓展训练、真人CS……运动的元素越来越多。

一项赛事，完美诠释共富

赛事集聚的是人流，由此带来物流、资金流、信息流，对区域经济发展、对老百姓增收，都是实实在在的红利。

在自行车公园举办大赛，在常山港举办皮划艇精英赛，在体育馆举办武林大会，在宾馆酒店举办棋类赛事，在乡野农村举办农民运动会……因地制宜、因时制宜，常山体育"办赛上瘾"。据悉，常山每年举办各类竞技性、群众性赛事活动100场次以上，2021年光是衢州市级以上赛事承办就达到17场，总计超过10万人次参与其中。

在邹志峰看来，运动员及广大游客带来住宿、旅游、餐饮等创收，让赛事释放出持续的经济红利，如常山国家山地自行车公园的建设，带动周边村庄环境美化、农家乐兴办，溢出效应明显。同时，还增加更多就业岗位，给老百姓带来直接收益，新塘岭村的"不老泉"景区就吸纳40多位村民就业，"不出村就能赚到钱"成为村民们的"小确幸"。

衢州即将承办2026年省运会，常山早就盯上了这列"赛事快车"。"山地自行车、皮划赛艇、武术散打、艺术体操等，常山承办这些项目有基础，也有优势。"邹志锋显得信心满满。常山在承办省运会的场馆设施上仍存在短板，这也倒逼党委、政府要加大投入；常山体育在GDP中所占比重还不高，但这也恰恰说明其潜力很大，大可作为。

（黄维　郦琪琛）

江山市："村运会"何以百村联动？

小小江山市，大大村运会。位于浙闽赣三省交界的江山，"村运会"是其著名的土特产。

2019年的春节，全市292个行政村中有123个组织举办村运会，"百赛万人"的热闹场面，甚至引起了外媒的极大兴趣；到了2020年春节，申请举办村运会的行政村达到183个，不过因突如其来的新冠疫情而不得不暂停。

村运会不仅是热热闹闹的大聚会，这是一个独特的载体，在让老百姓强身健体的同时也丰富了他们日常的生活、陶冶了情操，更是培养和提升了村民们凝心聚力、团结协作的精神与强烈的集体自豪感、荣誉感。"农村体育的如火如荼，是激发江山干事创业的重要精神源泉，是推动共同富裕重要的精神力量"，作为"江山村运会"重要发起人、组织者之一的江山市体育局三级调研员赵江平如此感慨。

春天到了，草长莺飞。凤林镇白沙村，一幅和谐和美的画卷。

白沙村是一个水库移民村，二十多年前从深山搬迁时真正是一穷二白。搬到现址时的唯一集体资产，是一张笨重的、木板拼凑而成的乒乓球桌。穷归穷，矛盾可不少，村里一度干群关系紧张、村民人心涣散。

如何让村民凝心聚力？在市体育局指导下，早在2005年，白沙村就开始组织举办村运会。

村运会的举办时间就在春节期间，外出打工的、创业的，都回乡过年了。连回娘家的、走亲访友的，也都参与其中。村运会又是"春运会"，在加油声中，在摩拳擦掌中，气氛热热闹闹、欢欢乐乐。一场村运会办下来，村民们的心气高了，劲头足了。

原本村民之间的龃龉、干群之间的矛盾缓解了。

当了十多年农村干部的村支书郑日福，一直坚持主张要举办村运会，正是看到了其独特的润滑剂功能。他惊讶地发现，乡风由此悄然发生着变化。郑日福又推陈出新，在举办村运会后给全村老小拍摄"全村福"。全村福照片长一米多，大部分村民都上了镜，好几百号村民，个个笑靥如花。"全村福"成了全村人的宝贝。与此同时，白沙村编纂出版了村史志，这在全国都不多见。

村运会不光富"脑袋"，也富"口袋"。从村运会上尝到甜头的白沙村，十分重视老百姓身边健身设施建设。从健身路径到篮球场，从网球场到游泳池，不断完善健身场馆设施。村里与社会力量合作，还开办了一家国防体育拓展训练基地。现在，到白沙村以运动休闲的游客络绎不绝，村里开办了好几家农家乐、民宿，真正体现了运动振兴乡村。

"我们村每年也都会举行运动会，村民之间熟悉了，村情了解了，村民关系和谐了，村里的发展也更快了。"从湖南远嫁到碗窑乡凤凰村的王艳平快人快语。

凤凰村的村运会是老传统了。每年正月初一，全村男女老少齐上阵，项目包括拔河、摸鸭子、举轮胎、锯木头等。村党总支书记陈祥水说，这也是"治村法宝"之一。

凤凰村很特殊，与白沙村一样，也是个移民村。全村818户、3000多人，来自200多个不同的自然村，有的是下山脱贫，有的因地质灾害点搬迁，光是姓氏就有102个，拥有真正的"百家姓"。

"百姓百姓，百条心"，要管好这个大家不容易。陈祥水认为，让村民们增进了解、结交友谊，体育运动是个好载体。于是，从2013年开始凤凰村开始组织举办村运会。每次村运会前后，微信群都要热闹上一阵子。得名次的村民或队伍，往往受到英雄般的礼赞。

原本的陌生人，现在成了"自家人"。村民们互助、互爱、互信。除村运会上争先恐后外，还因势利导组建了篮球队、排舞队等，乡里、市里的比赛都踊跃参加。陈祥水说："凤凰村是乡亲们的第二故乡。短短十来年已经有了深厚的感情，集体荣誉感、归属感都增强了。"

与白沙举办村运会时拍摄"全村福"异曲同工之妙，凤凰的村运会上同时进行"乡贤助村发展捐赠"活动。每次捐赠活动都十分踊跃，捐赠总额少则数万元，多则几十万元。"村民热心村里的事，办好村里的事全村共享。"陈祥水自豪地说，凤凰村现在已是江山的榜样村、明星村。"下次举办村运会时，一定邀请记者朋友来参加！"陈祥水热情相邀。

人勤春来早。记者到访大陈乡早田坂村时，田间地头正一派忙碌。沿着农业观光带,总长6公里的健身步道,已开始安装智能装置——每位体验者、参与者的运动大数据可通过数字赋能一目了然。

早田坂村也是村运会的积极倡导者。通过这个载体,让村民们动起来、乐起来的同时,有着精明商业头脑的村党支部书记成建明,已经在探索体育经济的路子。

村里对500亩原本荒废的旱地进行高标准提升,投入1000多万建成了田园休闲观光带,其中6公里的智能健身步道是最具特色的配套。成建明认为,在开展青少年研学活动中,"农业+体育"将是最大的吸引点。村里还在谋划打造环村骑行步道、体育广场,承接更多的体育赛事,结合乡村旅游,将"田园+体育"的名气打响。

江山乡村的村运会办出了特色,办出了名堂,办出了意想不到的效益。

新塘边镇毛村山头村建有全国首个农村攀岩主题公园,攀岩成为村运会压轴好戏。毛村山头村自从找到体育这把"金钥匙",已连续四年举办全国美丽乡村攀岩系列赛,年接待游客10万余人次,促进村集体年均增收150多万元。新塘边镇日月村是消防器材生产专业村,村运会上设置了灭火接力赛、扛灭火器负重跑;而有"江山电商第一村"美誉的清湖街道清泉村,则在村运会上设置了快递包装盒打包比赛。

十多年来,江山举办村运会的传统,从个别村到"百村联动",从"请我参加"到"我要参加"。一改往昔,从春节吃吃喝喝"请人吃饭"变"请人流汗",健康的生活方式蔚然成风。这种正向效应远不止这些。有一组统计数据显示,举办村运会的村子,八成以上为"无信访村",接受乡贤捐资捐款总额1600多万元,新引进2000万元以上项目18个。更具说服力的一组数据显示,江山市居民人均预期寿命80.04岁,比浙江省平均水平高0.84岁,百周岁和百虚岁老人分别为43人、71人。

国家体育总局宣传司司长涂晓东对江山的"村运会现象"给予高度评价,他认为这是中国新农村新时尚、新面貌的缩影,尤其在精神引领、文化感召上有着独特的作用。"村运会既是一项全民健身运动,又是实现全民健康的重要途径。村运会在引领精神富裕、社会风尚,以及推动农村经济高质量发展上,起到绿色引擎作用。"江山市体育局局长吴正荣认为。

(黄维 郦琪琛)

龙游县：被"拉"动起来的山城经济

灵山江里，来自五湖四海的龙舟竞渡；山野土路上，风驰电掣的汽车长龙竞奔；还有龙和渔业文化园、龙山运动小镇以其独特的文化业态成为旅游观光者的乐园天堂。

这是龙游。一座龙腾虎跃的浙西小城。

龙"游"。这个"游"字，是动词，指的是游动、游起来，争先恐后、奋勇拼搏的状态。龙游体育，做足做透"龙'游'起来"的文章。通过大融合、大创新，悄然成为拉动经济的大引擎。

大融合 体育是"百搭"，与谁都可开花结果

"龙游汽车拉力赛"，相信很多人都留有印象。自 2003 年举办第 1 届全国汽车拉力赛开始，到 2006 年亚太汽车拉力锦标赛中国站正式落户，龙游已经先后举办过 12 次亚太汽车拉力赛和 15 次中国汽车拉力赛。汽车拉力赛，并非只是一项竞技赛事，还是体育与文化、旅游、经济融合的大戏。借助汽车拉力赛，赛道所涉及的 4 个乡镇、几十个村，沿线 200 多公里都被激活了。到龙游参赛、观赛的同时，游龙游石窟、尝龙游发糕，成为"标配"。

距离县城 15 公里的湖镇镇溪底杜村，在做另一篇"体育＋文化＋旅游＋农业"的文章。这个村并没有丰富的山水、旅游资源，唯一可以"做文章"的是作为衢江支流的社阳溪穿村而过，几年前在这条平均水宽二三十米的河上，乡贤组织了一场龙舟赛，吸引了 3 万人争相围观。这也成为一个新起点，2020 年村里成立旅游发展公司建造水

上乐园：投入 80 多万元，年营业收入 50 万元。尝到甜头后开始追加投资，先后围绕运动休闲这个主题建立龙舟训练、烧烤、露营、摄影和垂钓 5 个基地。

同样的"牵手"，还有龙山运动小镇和龙和渔业文化园。龙山运动小镇原本只是青少年户外拓展基地，通过招商引资，现在业态越来越丰富，集餐饮住宿、户外拓展、绿道骑行、登山步道等于一体，已累计接待 50 余万人次。龙和渔业文化园中，垂钓运动与渔业养殖和谐共生、相得益彰，是钓客们的乐园、观光者的天堂。

大创新"无中生有""点石成金"的秘籍

十多年前，谁都不会想到汽车拉力赛能与龙游有这么深的渊源。把这项赛事引进与培育，就是一种创新。同样，借助"龙游"这个具有丰富内涵、能引发无限遐想的地名，当地在十多年前把龙舟赛事引进到灵山江，这同样是一种创新。

"无中生有"是创新，创新能"点石成金"！这是龙游体育在不断探索与实践过程中获得的启迪。

六春湖，一个美轮美奂的名字。其实，她的"前身"是位于龙游与衢江、遂昌三县区交界连绵无尽的群山。说到"大山"，往往容易联想到"穷山僻壤"。而来到这里，看到的则是绿水青山、"金山银山"。

7 天春节长假，六春湖景区接待 2.4 万余人登山赏景，营收 440 余万元。这是记者从龙游县文广旅体局了解到的一组数据。六春湖景区秀山丽水，风光旖旎。不过，因为山高坡陡，人迹罕至。直到 2020 年 5 月，开始建设索道，天堑变通途。春看花，夏避暑，秋登高，冬赏雪，四季美景尽收眼底。六春湖景区所辖的一镇三乡，从原来的"偏远山乡"一下子成为运动休闲胜地，餐饮、住宿、交通等配套服务逐步齐全，客流量节节攀升。去年，这里还举办过六春湖越野赛，滑雪场也正在建设之中。一座曾经"好不寂寞"的群山，正焕发出无限生机。龙游县文广旅体局局长胡炜鹏还有一个设想，争取把六春湖景区打造成浙闽赣皖四省交界处重要的自驾游旅游目的地。为此，一座以体育娱乐、运动休闲为主题的"溪口小镇"，正在六春湖山麓规划孕育之中。

在溪底杜村采访时，村党支部书记吕军自豪地介绍："村里正在建设斗牛场，很快就能观赏到这项刺激的赛事。"他把记者带到即将竣工的斗牛场，"龙游并没有斗牛的传统，但相信这项新奇的竞技运动，一定会受到极大欢迎"。溪底杜村与金华、永嘉等都进行了对接，不久后将引进一批黄牛举办赛事，除丰富旅游观光体验项目外，这还是一个为村子"打广告"的重要载体。

大引擎 马力越足，对经济的带动力就越强

"体育是个大引擎。通过十多年的赛事举办，汽车拉力赛对经济、社会发展的带动持续发力。"胡炜鹏认为，体育在提升城市知名度、美誉度的同时，也对龙游经济社会的健康发展产生着积极推动作用。

汽车拉力赛的赛事经济，相比一般的比赛更具立体感。每次大赛，整个龙游县就像过节般热闹，吃住行购、人声鼎沸。赛事直播很好地把赛道沿线广袤乡村的好山好水好空气，向全国甚至世界广泛推介。胡炜鹏说，拉力赛带动汽车、摩托车相关配件制造业在龙游迅速形成规模，这对区域经济是直接的推动。

直接、间接带动经济的案例数不胜数。韩寒是上海一位少年成名的作家，同时也是一名赛车手、导演，多次到龙游参赛，并深深爱上了这座小城市。参赛期间，他经常光顾一家小吃店——杨爱珍大排档。在韩寒的文学、影视作品中，经常出现这家原本名不见经传的小店，现在已经在省内有30多家加盟店。这个故事还有更美好的结局——杨爱珍的女儿，如今也成了一位赛车手，积极宣传家乡的汽车拉力赛和美食。

除汽车拉力赛外，龙游还先后举办过全国垂钓大赛、六春湖山地越野赛、绿道半程马拉松等。一项赛事、多种效益，赛事的"马力"越足，对经济的带动力就越强。

"村里的水上运动乐园，提供了200多个季节性岗位，催生了十来家农家乐，村集体经济增收20万元。"这是溪底杜村交出的答卷。龙和渔业文化园签约了龙洲街道寺后村和模环乡夏峰村等5个经济薄弱村，建立共享合作基地500亩，综合带动村集体年增收45万元……体育对经济的发展具有引擎作用，尽管手段、载体、形式各有不同，但目标与结果都是积极的。

（黄维　郦琪琛）

天台县：乡村振兴中"体育委员"的力量

为破解基层体育工作"最后一公里"的难题，天台县探索建立基层体育工作委员机制。从2020年试点开始，全县已经涌现出4000多名专兼职"体育干部"，成为推动体育工作的重要力量。体育工作喜见春色满园。

三员合一员"一体共治"系统推进

白鹤镇下西山村，是一个有着1300多人的行政村，其中老年人占了大多数。当记者来到村口，首先映入眼帘的是一座依水而建的体育公园。气排球场地上，十几位年均70岁左右的老人正聚精会神地传球、击球，不亦乐乎，丝毫不顾烈日当头。

这座占地2000余亩的体育公园，自建成后每天都能吸引大批村民，公园旁还建成了长1.5公里的健身步道。"之前，这里又脏又乱，垃圾成堆。如今，已成为健身好去处。"下西山村体育委员陆修杰告诉记者。天台县实行体育委员、社会体育指导员、健康生活指导员"三员合一"，解决老百姓的健身需求问题，就是他们义不容辞的事。

像陆修杰这样致力于为民办实事的体育委员，天台县有423名。全县各乡镇（街道）设立工作站，再以万人左右（6~10个行政村，或2~3个社区）划分片区，全县共分为59个片区，设立"一片区一委员、一村一委员"，着力构建横向到边、纵向到底的体育组织网络体系，使基层群众参与基层体育工作，赋予基层体育人新身份，确保体育工作层层有人抓，事事有人干，延伸体育工作在农村的"触角"，实现基层体育服务无盲区、无死角。

竞跑共富路
——71个浙江体育的实践样本

数智促智治"一网通办"优化服务

"这个平台就是线上的体育委员之家。其中,活动展示可以展示各个乡镇、片区、村(社区)体育委员风采,积分激励体育委员队伍,让体育委员更加有干劲、更加有激情。"三合镇下坊村体育委员许怀炜拿着手机向记者展示天台"体育委员e站"。

据了解,在"浙里办"App的天台"体育委员e站"平台,通过构建"1825"整体架构(即1个"浙里办"入口,场地设施服务、赛事活动服务等8个核心模块,2个雷达引擎,体育场地数据库、体育组织数据库等5个数据库),实现体育服务"一机查询、一站供给"。平台可"掌上"查询、预约、导航1671块公共体育场地,还有1410名社会体育指导员、423名基层体育委员信息和22个社会团体数据信息已迁移至平台。同时,开通线上体育场地报修纠错、预约、申请建设需求等功能,使体育场地建设、使用、管理更高效,打造"10分钟健身圈"。

"通过e站平台,体育委员组织体育活动3480场次,惠及人数超20万人次。去年,石梁镇的围棋联赛就是通过该平台组织报名的。"县体育事业发展中心体育科负责人曹桂丽说,老百姓不仅可以通过平台报名参加群体性赛事,还可以通过"体育服务超市"功能区,点击参加自己需要的体育技能培训、科学健身讲座、体育赛事活动等各种体育服务,能学到很多科学健身知识。该平台还打通"体育委员e站"平台与县医共体健康地图数据通道,获取高血压、糖尿病等慢性病群体分布情况,系统智能推送易筋经、游泳、乒乓球等"健康建议",推动体医融合发展。

e站上线有效助推全民健身与全民健康深度融合,推进公共体育服务提速增效,使群众体育服务获得更容易、形式更丰富、参与度更高。

荒滩变金滩"一同奔富"百花齐放

后岸村是天台的体育特色村。谁都没有想到,这个此前长期以"卖石材"为谋生手段的村庄,竟能通过体育转型成"体育村"。

2013年,该村承办全国首届老年气排球邀请赛。在赛事举办的一周内,后岸村农家乐全部客满,在旅游淡季的收益反而赶超了旺季时段,光是后岸出产的特色桃胶就卖出了3000斤,粗略估算纯利润可达10万元左右。

一炮打响!后岸村也因此跻身"体育明星村"行列。村民们意识到,体育能够为乡村旅游提供源源不断的"访问量"。"后岸村每年各类赛事不断,每年至少为后岸村带来500多万元收入。"街头镇后岸片区体育委员陈海军告诉记者。

位于天台平桥镇的峇溪村，依山傍水，距离杭台高速仅 5 分钟车程。坐落在村口的峇溪谷运动乐园，便是峇溪村以体育产业作为乡村富裕主引擎的良好范例。"乐园占地 25 亩，包含卡丁车、摇摆桥、旋转自行车、人力过山车、溜索等多个游乐项目。"峇溪村党支部书记王林辉介绍，之前这里是滩涂地，华丽转身后已接待游客 3 万余人，营收达到 150 余万元。"看到村里能来那么多游客，乡亲们都很高兴，感叹'荒滩变金滩'了。"因此，在建设过程中，很多村民投工投力，很有成就感。

运动乐园、水上乐园、漂流成了村里发展经济的"三驾马车"，总投资额达到 400 余万元。"乡贤投资占 60%，村民参与（一户一万元）占 30%，剩下 10% 由村集体参股。"王林辉自豪地告诉记者，体育助力让峇溪村从原来的偏远经济薄弱村，摇身一变成为活力四射的体育特色村、网红村，村里的经营性收入，实现了从无到 50 万元的大跨越。

目前，天台县还打造了石梁冰雪运动、白鹤滑翔、安科木球、紫凝易筋经等一批体育赛事活动品牌，实现群众体育赛事活动全民化、全域化。如安科体育委员引进丛林穿越、滑草场 2 个项目，每年为村民带来人均 2500 元的分红。

天台县持续开展乡镇、村居特色体育活动品牌培育，逐步形成了"一乡一品、一村一品"的格局，以特色体育活动 IP 助推乡村振兴，以产业融合发挥体、旅、农乘数效应，带动百姓共同富裕。

（郭必文　钟樑　郭乐天）

仙居县：解码山水运动的共同功能

在钟灵毓秀的秘境中，攀岩、飞拉达正成为时尚旅游体验项目。两个山头间拉起滑索，还有一条能让人跳舞的"扁带"。神仙居景区不仅名字令人遐想，体育旅游项目也富有想象力。"仙居县室内体育资源有限，我们充分挖掘山水资源优势，把运动元素植入山水之中，让人们沉浸在美景中享受运动休闲带来的快乐。"仙居县体育事业发展中心主任杨旭明介绍。

初到仙居的客人，都会好奇"神仙居"这一富有诗意的景区名字因何而来。1007年，北宋宋真宗赵恒以其"洞天名山，屏蔽周围，而多神仙之宅"，下诏赐名"仙居"，顾名思义就是"仙人居住之地"。这也让人看到了仙居发展体育旅游的自然禀赋。

神仙居国家5A级旅游景区以其秀丽的风光享誉全国。让游客不仅能欣赏自然风光，更能和自然互动，给游客更多景区体验，运动休闲成了上佳选项。当地依托得天独厚的岩壁和森林资源，创建神仙居山地户外运动小镇，打造"健康养生、休闲度假"旅游主题。近几年来，小镇固定资产投入达到23.1亿元，其中核心运动休闲项目投资超过1亿元，社会资本计划投资总额达到42.4亿元。

这里的体育旅游项目虽然小众，但却别具一格，有其独特的魅力。神仙居山地户外运动小镇搭配了徒步登山、飞拉达、攀越丛林、高空滑索、扁带等户外运动项目，将运动和旅游相互融合，打造一个独一无二的户外运动胜地。"体育+旅游"的融合，持续释放了景区户外运动小镇的动能。在其辐射效应作用下，淡竹乡的民宿生意愈加红火。据了解，目前该乡已有农家乐160余家，床位3500多张，投资上千万甚至过亿的高端民宿纷纷上马。

山水搭台、赛事唱戏，神仙居山地户外运动小镇成功打造了一系列赛事IP。2014年以来，连续举办了7届全球高空扁带挑战赛，3届中国攀岩自然岩壁系列赛，3届"神仙居杯"全国扁带锦标赛，7届中韩登山大会，4届神仙居绿道马拉松、神仙居山地定向赛等赛事活动。经过系列赛事的积累，神仙居岩壁丛林中的"体育+"已成为标志性产品，攀岩和扁带两项运动更是独树一帜。著名登山家王勇峰在考察了该项目后表示，神仙居对攀岩运动发展作出了突出贡献，扁带运动已经成为神仙居一张靓丽的名片，通过"旅游+体育"，神仙居景区户外运动公园的雏形已逐渐清晰。

随着神仙居"体育+旅游"品牌影响力持续提升，其乘数效应也不断放大。有越来越多人对仙居这座"户外运动天堂"着迷，他们中的一部分还因此选择留下。白塔镇感德村有一家"黄山岩鞋工作室"，而"黄山"是这家工作室创始人王颖的外号。"我是安徽人，第一次来仙居是2010年。"作为我国最早玩攀岩的岩友之一，王颖告诉记者，他曾与团队成功开辟了安徽天柱岩大岩壁的攀岩线路。同时，他也是仙居攀岩的启蒙者之一。

被仙居秀美的山水和丰富的岩壁资源所吸引，2014年，王颖将"黄山岩鞋工作室"迁至仙居。他的岩鞋工作室全国独此一家，主要负责攀岩鞋的缝补和维修，每年大概能修复两千多双鞋。"这么多鞋，我一个人肯定忙不过来，所以最近我也招了几位村民来帮忙。"作为攀岩达人，王颖的生活当然不只有攀岩鞋，"如果有攀岩爱好者组团来景区，我会做一些向导的活。之前我就是做户外培训的。"

感德村如今的发展让王颖感到很欣慰："来这里的游客越来越多，对打响仙居的攀岩品牌肯定是有帮助的。"在神仙居景区周边，农家乐和酒店也在近年拔地而起，村民们的腰包也变得越来越鼓。"仙居的山地资源丰富，相关产业的发展空间很大，我也在考虑未来开展一些攀岩赛事。再过两年，这里肯定是不一样的面貌。"王颖说。

通过把运动场搬进景区，在青山绿水间开创"体育+旅游"新品牌，仙居为体育助力共同富裕蹚出了一条有自己特色的路，并先后斩获了"浙江省运动休闲旅游优秀项目""浙江省运动休闲旅游示范基地""中国体育旅游十佳精品景区"等重量级荣誉，取得了社会效益和经济效益双丰收。

这条"体育+旅游"的路，仙居县越走越宽。在台州公布的2022年重大文旅开工项目清单中，落户于仙居朱溪镇的天空之城项目榜上有名。该项目建设用地约500亩，总投资14.3亿元，以朱溪方岩背为依托，将高低有序的山背与山下的村庄有机结合起来，打造一个集低空飞翔游乐、运动旅游、休闲度假、户外教育于一体的国际级综合文旅项目。"主打滑翔伞运动，但包含的项目远不止滑翔伞。"项目负责人称，"天空之城"设计多种运动休闲业态，能给游客带来更多独特体验。

这并非朱溪镇首次与体育结缘。镇长应江平介绍，该镇杨丰山村成功举办两届的

梯田马拉松，将梯田上错落有致的油菜花美景推介了出去。"下一步，将扩大梯田马拉松规模，目前已经对民宿、餐饮等配套设施进行整体规划，让老百姓真正吃上'体育饭'。"在应江平的记事本里，山地自行车、越野等赛事已提上日程。

还有广度乡以"体育+"模式另辟黑炭杨梅的推广新路径。随着持续举办的IP赛事——浙江省自行车联赛广度爬坡赛，让小小的杨梅走进了更为广阔的天地。"体育赛事打响了广度的知名度，村民们都说，咱们的杨梅更好卖了。"乡干部郭伟烽告诉记者。

目前，仙居已经筹划了五个共同富裕示范村。杨旭明表示，力争把示范村打造成台州乃至浙江的样板，是仙居未来锚定的目标所在。"在旅游、医疗等方面，体育与它们的合作将更加紧密。"杨旭明说。

（郭必文　钟樑　郭乐天）

三门县：体育制造业的突围之路

"全国每10件冲锋衣，就有6件产自台州三门"。三门县因在体育制造业上的亮眼表现被新华社的报道点名。体育制造业发展成为县域重点"富民产业"，三门为山区县经济转型与发展树立了样板。

"衣"举成名 从零起点到"富民产业"

炎炎夏日，在位于三门县海润街道的浙江蓝途户外用品有限公司的缝纫车间里，几十台缝纫机正开足马力。女工个个身手娴熟，一件件冲锋衣在她们手中初具雏形。

夏天是冲锋衣的销售淡季，但流向蓝途的订单却源源不断。尽管忙碌，女工李菊会却觉得生活异常充实："白天在工厂干活，到点去学校接孩子，家里也可以照顾得到。"工厂采用计件工资制度，鼓励多劳多得，工作时间自由，每月能有近万元的收入。

从20世纪90年代第一批制衣工人从秀衣起步，到占据全国六成冲锋衣市场，三门体育制造业迎来了新契机。"以培育行业标杆来提高体育制造业竞争力。"县文广旅体局局长戴峥告诉记者，通过代工世界大牌，三门冲锋衣在21世纪初既已初步形成产业规模，但"小、散、乱"在过去很长一段时间仍是三门冲锋衣的标签。直到2013年，在县委、县政府引导下，冲锋衣踏上转型升级路，成立三门冲锋衣协会，制定全国首个冲锋衣行业标准，规范生产流程。

随着电商时代的来临，三门县还开始进行直播卖货。"各大品牌几乎每天都会在我们搭建的平台上进行直播，一些企业的线上年营业额达到了5000多万元。"三门冲锋衣协会会长潘礼太介绍，除直播外，还集电商、展销批发、仓储、影视于一体，如2019年与浙江理工大学合作研究课题，为三门冲锋衣插上科技翅膀。截至2022年8月，全县共有300多家生产销售冲锋衣的中小微协会会员企业，培育自主品牌百余个，年生产冲锋衣3000万件左右，年产值50多亿元，直接带动3万人的产业队伍，从业人员8万人以上。北京冬奥会期间，冲锋衣成交量最高峰达到了每小时3万件。

借"体"发挥 从"衣"枝独秀到百家争鸣

除了冲锋衣，三门县体育制造业还培育了完善的体育用品产业体系，形成以篮球、足球、拳击用品等为主的一批优秀体育制造业企业。扎根在该县滨海科技城的金能体育便是其中之一，这是一家全国拳击用品细分行业的头部企业，年产沙袋35万只、拳击手套18万双。

金能体育创始人何国定从1997年开始关注拳击用品行业，2006年回到老家三门。一开始，他的员工只有七八个人，厂房也是租赁的。2010年，购买土地，建设厂房。2014年底搬入占地面积17.8亩的新厂房，开启了逐浪筑梦，每年产值保持在8000万元左右。

新冠疫情的到来使得拳击产品遇冷。然而危机实则是另一种商机。金能体育借力强大的科研能力，用一条小小的速干毛巾"试水"，没想到订单立马就找上了门。"下个月又要投产35万条速干毛巾，目前一年的产量在200万条左右，直接带来经济收益1000万元。"

王亚聪虽不太懂球，但她从1994年便开始与足球"打得火热"。那年，她创办了三门健龙体育用品有限公司。法国世界杯点燃了国人对足球的热情，王亚聪的小工厂也迎来了单月制作6万只足球的第一个创业小高潮。"作为一家劳动密集型企业，为承接大量订单，我们会深入农村地区扩展来料加工业务，解决剩余劳动力家门口就业问题。"

"作为山区26县之一的三门，着重引进和培育一批特色鲜明、优势突出、科技含量高的体育用品制造企业，以此引领行业发展。"戴峥告诉记者，截至2021年底，全县体育产业总产值61.17亿元，产业增加值11.37亿元。2021年还被命名为国家体育产业示范基地。

三门不仅继续以培育行业标杆来提高体育制造业竞争力，还将以打造"湾区最佳旅游目的地、休闲体育发展样板地"为目标,推进文化润富、旅游创富、体育助富,以求新、求变、求发展的姿态,奋力谱写体育助力共同富裕的新答卷。

(郭必文 钟樑)

莲都区：城乡、山水体育叩响幸福之门！

丽水是一座山城，群山环绕的中心，即市区莲都。"在环山之中形如莲瓣"——莲都由此得名。

莲都是丽水市唯一的市辖区，其管辖着城区5个街道和郊区的9个镇乡。莲都是一个城与乡、山与水共存的区。莲都城与乡、山与水与体育共融，叩响了莲都百姓的幸福之门。

丽水是一座山城，不算是繁华的城市；莲都是浙江山区26县之一，也不是富庶之地。然而在这里感受到幸福的体育生活，却向人们描绘出了一幅和谐、生动的体育画卷。

城·共享——美好体育生活

丽水市区的大型体育场馆与全民健身设施，堪称"顶配"。2010年前，已建成丽水市体育中心。现在，城南又在建设一座占地200余亩的综合性体育场馆群。建成后，两个体育中心以瓯江为界南北遥相呼应。一座城市，两座体育中心这样的"高配"，目前在浙江省内还不多见。

不仅如此，正在建设中的丽水市水上运动中心，体育竞赛、竞技训练、全民健身"三合一"，有望成为丽水地标建筑；丽水市生态体育公园也在紧张施工中，面积达到228亩，综合健身房、室外健身场、健身绿道等体育空间错落分布，同时满足城市绿地、停车泊位等多功能需要。与此同时，各个街道正在建设的邻里中心，也都争取到

"体育指标"，一批羽毛球场、五人制足球场、健身房等场馆"见缝插针"。

丽水市城市体育空间布局，正从蓝图变为现实。莲都区的市民是最直接受益者。该区文广旅体局党组副书记、副局长刘建斌表示："城区体育，主打的就是'共享牌'，让百姓在共享体育场馆设施中，享受更美好的体育生活。"

莲都也在谋划区级"体育阵地"。距市区30分钟车程的碧湖新城，区级体育中心及碧湖全民健身中心、体育公园等已在规划，弥补区级大中型体育场馆相对薄弱的短板。在规划中，与市级体育场馆实施差异化建设，如市级尚属空白的自行车、射击场馆，有望在区级规划中得到填补。"碧湖新城的体育中心建成后，还能起到聚集人气、服务经济发展的作用。"刘建斌这样认为。

乡·共建——体育场馆设施

刘建斌告诉记者，城市体育打出"共享牌"，市民有了更多体育获得感；这些年，致力于推进乡镇、农村体育的发展，一个重要的举措就是"共建"。

来到离市区15分钟车程的联城街道苏埠村，首先映入眼帘的是一抹亮眼的鲜红。竣工不久的两片篮球场、两片羽毛球场，让村民们倍感自豪。同时，"百姓健身房"也很受欢迎，尤其到了晚上，在跑步机、动感单车上锻炼还得排队。

让记者感兴趣的是，篮球场围栏上挂了十多条横幅，"预祝村篮球联赛圆满举办"，送上祝贺的有兄弟村，还有企业，显得格外热闹。苏埠村正在举办村际篮球邀请赛，8个村之间循环对抗，每晚上演"灌篮高手"好戏，一直持续个把月。获胜者并没有奖金，而是一些诸如毛巾、保温杯之类的奖品，但参赛者依然热情高涨。村民也十分热情，球场边每天都人头攒动，成为三邻五村的"闹市"。

"有运动场前，村民们茶余饭后要么串串门、要么打打麻将，年轻人都喜欢往城区跑。"32岁的雷关圣是村篮球队队员。他说，丰富的体育生活也是年轻人愿意回乡、留乡的重要原因之一。"体育锻炼让村民动起来、村子热闹起来、生活幸福起来。"

与苏埠村相邻的港口村更幸福。村里除现有的足、篮球场外，还通过和"强村公司"合作，将瓯江畔占地130亩的闲置空地变荒为宝，三年前建成了"港口花海"景区。除开发粉黛花海外，还配套了秋千、卡丁车等运动休闲项目，建设沿江游步道，成为运动休闲网红打卡点。"港口花海"对村民免费开放，早晚到这里散步、锻炼，享受着比城市居民更优越的体育生活。

记者了解到，目前莲都区已完成小康村提升工程55个、多功能运动场16个、笼式足球场4个、拆装式游泳池2个，百姓健身房14个，同时鼓励社会力量、民间资本对旧厂房、仓库及"边角料"土地进行改造或投资，建设更多亲民、便民、利民的全

民健身设施。

民·共富——享受体育红利

　　白墙黛瓦绿树，小桥流水人家。这是画亦是诗，也是莲都乡村的真实风景，如今成了"莲都100"越野赛赛道。参赛者对于这项比赛有过这样的评价：将绿道、古道、古村落、景点等串点成线，满眼风景和满载历史的赛道，奔跑其中不光是美的享受，更是心灵的愉悦。已连续举办了三届的"莲都100"究竟有多受欢迎？赛事期间，超过2000人涌入莲都，酒店、宾馆一房难求。

　　体育搭台、旅游唱戏、经济受益，以"莲都100"为引领的乡村赛事正越来越多。碧湖田园半程马拉松、"清韵杯"全国业余围棋公开赛、中国（浙江）自行车骑游赛等一系列赛事被悉数引进——通过串联，全区上下已呈现出"广场活动天天有，群体活动月月办，大型活动不间断"的局面。碧湖田园半程马拉松赛道串联起九龙湿地、田园风光、乡村新貌，让跑者有着不一样的美好体验。仙渡乡葛畈村因体育而让文化礼堂热闹起来，该村承办了省级象棋联赛，又在谋划全乡的象棋联赛，打造"中国象棋特色村"品牌。老竹畲族自治镇，每年都举办畲族体育赛事，同时把畲族体育与4A景区东西岩旅游结合，成为当地的旅游特色。

　　"一乡一品、一镇一特色"，莲都体育正在形成独具特色的模式。马拉松、轮滑、桨板、皮划艇、航模、瑜伽、露营等的火爆发展，又催生一大批莲都特色的体育企业和体育赛事品牌。27个区级体育社团组织也开始申请赛事承办权、运营权，像瑜伽协会、围棋协会等逐渐成为体育赛事举办的主力军。

（黄维　郦琪琛　戚款）

遂昌县：运动休闲盘活山水资源

"钱瓯源头"遂昌，山高水长，是名副其实的山区县。进入遂昌境内就收到一条短信：欢迎来到长三角户外休闲运动生活目的地。因地处偏远，遂昌是一个欠发达山区县，但利用独特的自然禀赋，遂昌却成了"生态体育"的先天沃土，青山绿水、蓝天白云、山道茶园、绿地湖畔更成为各地运动爱好者们向往的户外运动场所。

正是利用这些资源，近年来，遂昌以"生态体育"为理念，打造了许多品牌赛事。

"生态概念、融合发展是体育发展的现实需要，在提升遂昌知名度、美誉度的过程中，体育也成了重要的对外展示窗口。"县文广旅体局副局长蓝培富如是说。

位于遂昌县城的全国首个县级空中体育场，红星坪温泉度假村的灯光篮球场、网球场，是广大旅游健身爱好者的最佳去处；应村乡的原生态景观自行车爬坡赛道、大柘镇的"山地户外运动基地"山地自行车越野赛道等一系列生态体育设施与活动，吸引着大批体育爱好者。遂昌倡导绿色、健康、休闲、养生的环保理念和生活方式，生态体育理念蔚然成风，"山地骑行、畅享自然"的生活方式正在悄然形成。

"体育+旅游"的模式颠覆了人们对传统旅游的认知，所吸引的游客回访率高。生态体育赛事的举办让遂昌形象更加鲜明靓丽，同时，进一步释放遂昌生态体育优势，促进经济转型升级。

遂昌围绕打造"长三角户外休闲运动生活目的地"，做到了"月月有赛事，周周有活动"，以2021年为例，先后举办"数字绿谷"遂昌仙侠湖半程马拉松、"万物开源古道探秘"户外山地越野跑公开赛(遂昌站)等赛事活动，搭建好平台，打通"两山"转化通道，不断集聚旅游人气、拓展农产品销售渠道，"体育+旅游+文化+农业"融合

发展态势良好。如全长 21 公里的仙侠湖绿道,是一条充满科技感的"智慧绿道"。绿道上的智慧灯杆设备会进行人脸感知、运动采集,时间、步数、配速等数据都能在手机上"一目了然",还设置 Ai 互动屏、陪跑墙等,即使一个人在"智慧绿道"上跑步也不会孤单,这里不仅可以承接赛事,还是游客打卡的"网红"之地。

"生态与运动的紧密结合,使遂昌吸引了大批体育爱好者前来旅游观光、休闲养生、康体健身,实现了旅游产业和体育产业的双丰收,成为'绿水青山就是金山银山'的最生动实践。"蓝培富说。

生态是遂昌最宝贵的资源,赛事是一个展示平台,也是一座桥梁,借力赛事活动可达到引流的效果。"当然,为了更好地打造品牌赛事,我们还将建设环湖绿道,跟上配套设施,造福更多当地老百姓。"对此蓝培富充满了信心!

(黄维 汤怡虹)

延伸阅读

周功斌:愿意做一只蚂蚁,"探"更多致富路

从遂昌县城出发,驱车转过蜿蜒盘旋的山路,历时一个小时,来到海拔近 800 米的应村乡高棠村周村源自然村。几年前,这个地处穷乡僻壤的小山村还"遍地猪粪,苍蝇满天飞"。如今,却成为部分人群的向往之地。

"这些景点导览图都是功斌设计的,这小伙真不错。""我们村能发生翻天覆地的变化,功斌功不可没。"村民口中的"功斌",就是辞去公务员,卖掉婚房回乡创业的乡贤周功斌。

村民们为他凑了 3000 元上大学
"我发誓要好好学习,混出个人样来报答乡亲。"

2004 年,周功斌成为村里第二个考上大学的人。6000 元的学费他申请了助学贷款,但 3000 元的学杂费和生活费却让周功斌一家人犯了难。村民周功相还记得当时的情况,"出一个大学生不容易,全村人都替他开心。村里好多乡亲都捐了钱,我当时也捐了。"就这样,50、100、200……终于凑齐了 3000 元。

周功斌说他一辈子忘不了老乡们那些"带有体温的钱",去省城求学的路上,周功斌一直在哭。大学毕业后,周功斌考上了杭州的公务员。虽然在省城上班,但他始终

心系300公里之外的家乡。几乎每个周末都会开车去山里看看乡亲，顺便为老人们买点烟酒副食，为孩子们买点小玩具。

2012年周功斌结婚，在老家举办婚宴时有一个细节让他印象深刻，一边喝喜酒，一边驱赶着苍蝇——农村依然是穷苦的。周功斌下定决心，一定要改变家乡贫穷落后的状况。

"我骨子里是个山里人，我就喜欢这种浓浓的乡情。"周功斌说。从2013年开始，他开始尝试寻找一条能够改变家乡的致富路。当年，拿出5万元积蓄购买了2000多株樱桃苗，无偿分给村民们种植。可三年后大家都傻眼了，樱桃树只开花不结果。"我觉得愧对信任我的村民，也辜负了大家的期望。"周功斌说，但他没有放弃，他尝试种植"八月炸"、养殖石蛙、开发瀑布等各种项目，可惜都没有找到一条能真正改变家乡的致富路。

越野自驾游引进穷乡僻壤
"卖房、辞职！我坚定了回乡创业的想法。"

2016年底，一次非常偶然的机会，一位开越野车的朋友点醒了周功斌："你老家的山路很适合越野车发烧友。"

遂昌山路多、海拔高，适合通过激活和利用早年山区运送毛竹的道路开发越野线路，将源源不断的人流车流导入到大山中，串点成线将沿线村庄带动起来。

周功斌开始搜集资料。了解到中国玩越野的用户大概有500万，他就想如果一年有3万辆越野车前来，就能带来相当可观的经济收入。周功斌心动了，在网络上不断专注地发送遂昌崇山峻岭里的崎岖砂石小道的消息和图片，引得各路越野车发烧友不断来访。

2017年4月，几十辆越野车来到遂昌穿越白马山。这个豪华车队的到来让原本安静的小山村喧闹起来，村民的笋干、茶叶、土鸡等农特产品被一扫而空。周功斌全程负责拍照和引导，他将车辆攀爬、环山而行的照片整理下来发到了汽车论坛上。因秀美的风景和险峻的视觉冲击效果，周功斌将它定位为"浙西川藏线""江南丙察察"。之后越来越多的越野车友慕名而来，一些知名汽车厂商也相继而来进行广告拍摄。

周功斌一直在等待这样一个时机，可是村里都是50岁以上的留守老人，没人来张罗这个事情，越野项目的引进就可能昙花一现。"刚给村里找到一些好的致富苗头，如果不继续下去，就会破灭。"经过一番激烈的思想斗争，周功斌决定辞职。"就算不成功，我大不了重新找工作。"周功斌如是说。

辞去公职，没有了收入来源，要创业但缺钱。周功斌说服了妻子，把婚房卖了。

辞职，卖婚房，周功斌几乎在同一时间做了两件"疯狂"的事。

终于，他全身心回乡里开发遂昌的越野线路，还组建了"蚂蚁探路"团队。那一年，活跃在这条黄泥路上的越野车队超过50支，数量超过2000辆。村里的4家农家乐，营业额均突破10万元，人均收入翻番，达到1.5万元。

向荒山野岭挺进，不慎从悬崖翻车
"大难不死，是老天的眷顾，因为心中的使命还没有完成。"

"蚂蚁探路"主要负责越野线路的包装、策划推广、宣传运营，在开拓一条线路之前，团队要熟悉了解周边的文化、特产、危险系数、指示标志等是否完备，许多山区线路在常用的导航App中无法显示，"蚂蚁探路"就要研发山区线路的电子地图，给乡村导入流量。

为探明难度系数，周功斌时常要穿梭往返于山间小路，向荒山野岭挺进。2018年7月1日，周功斌在开拓新线路的过程中不慎坠入悬崖，造成右肩胛骨粉碎性骨折，第六根颈椎骨折。直到事发第九天，母亲周根云才知道儿子经历了一场生死考验。重提这个"意外"，老母亲面对记者的镜头不禁泪眼婆娑。

周功斌却看得很淡，"大难不死，是老天的眷顾，因为心中的使命还没有完成。"治疗休息三个多月后，周功斌又开始马不停蹄地张罗起自驾越野大型活动。

老母亲不解，她不知道儿子做这些究竟为了什么。他家的房子是村里最破的，一幢黑瓦黄泥墙，已有四五十年历史。"村里热热闹闹，人来人往，大家都夸他好。但是我也没看到真金白银地进来，看他那么忙，甚至连吃零食的习惯都戒了，我们也帮不上忙。"周根云唯一能做的就是支持儿子。很多次，儿子带车队回村，"三过家门而不入"，她也理解。

2018年1月15日，蚂蚁探路发布遂昌全域自驾越野电子地图1.0版本。随后，《人民日报》、中央电视台等主流媒体纷纷报道。随着关注度的提升，平台流量极速攀升。周功斌团队开发的自驾线路，推出一条火爆一条，以前根本没有人去的村庄，如今在周末和节假日因为自驾游而爆满，并迅速带动沿线农家乐餐饮、住宿及农特产品销售。

周功斌魂牵梦萦的周村源村，就是最好的例证。农家乐"小桥流水人家"原本年营业额为五六万元，打造为越野驿站后，一年四季都有客人，2017年营业额突破十万元。"车队来了，生意旺了，到长假就更多了。2021年国庆节期间，有100多辆车开进我们小院，一时间都忙不过来。"农家乐主人陈彩凤感叹。

周功相告诉记者，村里的土茶叶以前100元一斤没人要，现在400元一斤车友们都会买光；村里特产黄米粿被一下搬空，甚至腐乳、腌萝卜都被城里人买走了。

"看着他们富裕起来我非常开心，尤其是乡民们信心有所提升。"周功斌说，"山里娃终于有能力报答亲人了，辞职卖房值！"

用车轮丈量国土，用行动助力乡村
"我的愿望是，探更多的路，造福更多的乡里乡亲。"

2019年，"蚂蚁探路"项目入选文化和旅游部年度乡村文化和旅游能人支持项目。2021年初，"蚂蚁探路"的成功实践还入选中央电视台元旦特别节目《点亮2021》全国唯一乡村振兴典型案例，并获得浙江省体育振兴乡村贡献奖。周功斌又荣膺2021年浙江省青春助力乡村振兴带头人"青牛奖"。

四年间，蚂蚁探路团队在遂昌境内打造了以"浙西川藏线"为总品牌，"江南丙察察""华东天路""红军穿越"等为子品牌的7条不同"体育+旅游"产品路线。通过组织越野车队进乡越野，导入城市中高端客户群体，拉动乡村农特产品的销售，带动乡村经济发展。

周功斌亮出一串数字：2018年1月1日至2021年11月底，来遂昌自驾越野的车辆5.37万辆，人数12.68万人，带动沿线周村源、田铺、焦滩、大西坞、福罗淤、门阵等11个村沿线住宿、餐饮、农特产品销售7730余万元。

"我们要紧紧抓住乡村振兴的机遇。"应村乡高棠村党支部书记周焕兰说，村里一边协助办活动，一边加快村庄建设，硬化村道、修整庭院、发放免费花种，还购入溯溪装备进一步开发了溯溪探险项目，并选送村里的年轻人外出培训新技能。"只有合心合力、凝聚力量才能真正让农村更美、农民更富。"

周功斌说，自己还有个愿望：探更多路，造福更多的乡里乡亲。周功斌包装开发的越野线路已经遍及浙江全省各大山区，就连陕西、福建、江西等地也发来了策划和推广的邀约。周功斌说："如果说我做的这个事情，能够为中国一些乡村发展，探寻出一条路径和方法来，这个事情就很有价值。"

未来，周功斌和团队将打造"蚂蚁驿站"的大本营，服务于自驾游与越野用户，提供食宿、露营、篝火等综合服务，同时拓展溯溪和徒步线路，初步打造出更加立体的"遂昌山路"的区域公共品牌，挖掘更多线路、盘活周边资源，也计划开拓青田、莲都等线路，为下一步"丽水山路"公共品牌打造样本。

（黄维　汤怡虹）

缙云县：体育制造与运动休闲"同向奔赴"

缙云区域优势明显，北接永康、武义，南与丽水市区接壤，高铁、高速网纵横交错。既有山水资源优势，又有产业基础，这是缙云发展体育产业得天独厚的优势。

"体育产业作为国民经济的新增长点，助推地方经济发展，也是'共同富裕'建设的直接动能。"县文广旅体局副局长陈炳相认为。在缙云，运动休闲制造业在工业企业中占重要比例；运动休闲旅游业，既顺应人民群众休闲健身、健康生活的时尚追求和向往，同时也为周边群众带来了经济收益。

2020年丽水文化产业增加值约为95亿元，其中缙云体育用品产业成为增长主力。记者了解到，缙云体育用品制造企业主要分布在新碧街道、壶镇镇两个区块，集聚了金棒运动器材、华洋赛车、涛涛车业、欧凯车业、嘉宏运动器材等龙头企业，打造了滑板车、运动摩托车、全地形车、运动自行车等品牌核心产品。

体育用品制造业是缙云体育产业的优势，如浙江华洋赛车在国内运动摩托车领域综合实力排名第一，是该领域首家新三板上市企业，旗下赛车是全国越野锦标赛唯一指定竞赛用车，2020年实现销售收入3.2亿元；浙江金棒运动从事滑板车、滑板、滑冰鞋、电动车及家用健身车等青少年运动健身相关产品的研发、生产和销售，2020年实现销售收入6.32亿元。

良好的生态资源与体育制造业传统，让缙云发展运动休闲产业更有优势。"融合是一个时代的命题。"陈炳相直言，缙云已经出台鼓励社会力量兴办户外运动赛事和运行休闲制造产业发展的奖励办法，形成了良好的政策导向，如对在本县社会力量举办的山地越野、滑翔伞、摩托车比赛和体育运动休闲制造产业予以支持，进一步激发社会各界办赛事、强企业的信心。

政府主导、政策引导，立竿见影。缙云有效激发社会力量的参与热情，兴建越野车体验基地，把青山绿水的生态和新奇精彩的赛车体验结合。当地还推出具有缙云风格的体育主题旅游优秀项目、精品线路、示范基地和运动休闲圈，开发多元化、个性化的健身休闲项目，成功打造了羊上滑翔伞、普化源高山滑漂、天门坪漂流、猛峰尖汽车越野、大脚户外拓展等一大批运动休闲项目，初步形成涵盖水陆空、立体式的运动休闲体系吸引八方来客。陈炳相认为，必须顺应体育产业和现代旅游发展的新趋势，大力推动体育与文化、旅游、康养等产业融合发展，才能在提升核心竞争力的同时掌握市场话语权，全力推进运动休闲产业强势发展。

（黄维　汤怡虹）

延伸阅读

吕振鸿："狼王"带领乡亲走上共富路

距县城半小时车程，缙云县壶镇镇的北山村名不见经传。互联网却让这个普通村子与世界紧密地联系在一起。记者访问北山村时，在斑驳的老墙上，赫然有这么一句宣传标语：东奔西跑，不如在家做淘宝。这个小山村插上了互联网翅膀后，成了远近闻名的淘宝村，户外运动用品则是北山电商唯一"专注"的产品。

提到北山村的"淘宝热"，不得不提吕振鸿，以及他创办的"北山狼"户外运动品牌！

从"烧饼郎"到"北山狼"

在北山村，吕振鸿算是传奇式人物，16岁开始做"缙云烧饼"，继承祖祖辈辈传下来的谋生行当。后来，他开过店、办过厂，2006年触了"网"，从此一"网"情深。如今，吕振鸿不仅是缙云县北山狼户外用品有限公司总经理，更成为农村电子商务的领头人。

"4000元启动资金，一台电脑，一台数码相机，在15平方米的客厅办公，员工就是我和弟弟两个人，每次发货都要开摩托到三公里外的镇上。"回忆往事，吕振鸿感慨良多。吕振鸿对户外运动情有独钟，他认定这将是潜力无限的朝阳产业。也因为如此，吕振鸿将帐篷、睡袋、烧烤架等户外用品，作为淘宝店的主要产品。

半年之后，淘宝店打开了销量，势头良好。2008年，在积攒了十几万元后，吕振鸿直接找到了生产厂家，2009年北山狼团队正式成军，"北山狼旗舰店"入驻天猫。十余年后，一组数据证明了"北山狼"在垂直领域中江湖地位：年销售额突破6000万元，最多时一天可以销售四五万单，全国各地分销商400多家，睡袋销量排行全网第一、成交金额排行第一。

一人的点子全村人共享

"自主品牌＋生产外包＋网上分销"，吕振鸿蹚出一条农民致富的新路子。

吕振鸿成功了，他也没有忘记乡里乡亲。村民们不需押金就能直接拿货，这种几乎零成本的分销模式，让村民开网店的门槛和风险大大降低。赵礼勇是吕振鸿带出来的第一个徒弟，主要销售烧烤炉和户外座椅，五十多岁的他做梦也没想到，体育与互联网让自己走上了小康之路，原先在永康卖烧饼，现在自创品牌"狂野者"，"两年赚了100多万"，建起新房，买了SUV越野车。

"驴戏江湖"的老板吕洪峰原本在外打工做服装生意，他目睹了吕振鸿电商生意的"红火"，跟着尝试当起了分销商。"对我来说，做电商除了赚钱，还能照顾家庭。"吕洪峰说，这几年还尝试在拼多多、抖音等热门平台开设网店，"我们就是夫妻店。一年营业额能达到200万元左右。"

互联网的通达，让这个曾经的"空心村"，在电商鼎盛时期同时开出几十家网店，"网罗"两三百位村民，开创了农村电商中的"北山模式"。从顾客下单到打印订单，再到包装货品，整个过程平均只需3分钟。这条已然成熟的电商流水线，让村民实现了在家门口赚钱的愿望。

户外用品的"留洋"愿景

随着市场竞争越发激烈，竞相涌入、粗放式的增长也带来了一定的隐患。关于这一点，吕振鸿直言不讳："大家都卖户外用品，市场很快就饱和了。"犹如大浪淘沙，猛然生长出来的北山村，也历经着市场的洗涤。

吕振鸿一直在关注市场的变化，并及时调整产品路线和经营策略，如今还培养了研发团队，每年都有创新。"以往大家都倾向于登山、徒步，选的都是轻便的用品，但是这两年不一样了，自驾游、露营，户外游的方式越来越精致，大帐篷、炊具、桌椅销量也逐渐上升。消费人群的变化，直接导致了消费方式的变化，这跟十五年前完全不一样。"

吕振鸿俨然是个专业的户外运动行家，这两年虽然受到新冠疫情的影响，但眼下已经出现的"进阶版"消费，让吕振鸿看到"户外用品产业的行情越来越好"。吕振鸿已经逐步谋划着"北山狼"的"留洋"之路，在强化新加坡等东南亚市场的基础上，准备进军欧美市场。

从小打小闹到渐成气候，吕振鸿在户外用品的电商销售领域不断探索与创新。目前，占地28.6亩的北山电子商务园基本建成，即将交付使用，包括仓储物流区、产品展示区，主要涉及电子商务培训、帐篷创业孵化器、户外俱乐部活动基地等板块。

（黄维　汤怡虹）

松阳县：田园好风光，运动添时尚

松阳地处浙西南，自古就是田园牧歌式的桃源胜地，至今保有百余个格局完整的传统村落，被誉为"最后的江南秘境"。松阳县文化和广电旅游体育局党组成员郭长标谈起家乡的秀美山水很欣慰，他认为松阳的建设离不开体育发展，而体育绝不能偏离地方实际，"有为才有位，体育必须在社会发展中发挥它应有的责任与能量。"

近年来，松阳不断完善户外运动休闲体系，积极探索体育赋能"大花园""大健康"建设，打造"永不停歇"的乡野运动品牌，运动休闲元素与优质文旅资源深度融合。松阳县还获评"浙江省运动休闲基地"，"山水一盘棋，把运动的元素植入乡村山水版图中，让田园乡村变成运动公园。"郭长标说。

乡野山水与运动有机结合，是对"松阳体育模式"的最好诠释。郭长标解释，即对自然资源充分利用、整合，将体育与旅游融入古老的田园与山水之中，从而焕发活力与生命力。

从龙丽温高速松阳出口出来，不过10分钟的路程便到了双童山景区，重岩叠嶂、谷深潭幽。如果仅是看山赏水，一眼都看得到底。不过，若是置身其中，快乐翻倍。

奇秀双童山，运动休闲地。旅游与体育的"联姻"，是双童山景区的最大亮点。高空运动堪称是双童山一绝。蜿蜒曲折的登山道，绵延数十公里，且把各类山地高空项目的体验点串点成线：在长501米的飞拉达项目上"飞檐走壁"，再在105米长的玻璃栈道上"心惊胆跳"，200米长的高山滑索、落差180米的时空穿越玻璃滑道一定也让你尖叫不断，如果你还有好奇心那么高空秋千、问天玻璃悬廊的"一站式打卡"，一定会让你感受"不虚此行",感慨"下次还要来"。

"运动+旅游"深度融合的双童山景区,在这里绝非个例。大木山茶园,原本只是松阳农业经济的一个典范,但与赛事结合后,大木山茶园产生了奇迹般的蜕变——变得更美,更有生机,更有知名度。大木山茶园连续六年举办全省自行车公开赛,被评为省级运动休闲旅游优秀项目,其中8.3公里的休闲骑行道可满足休闲骑行需求,7公里专业骑行赛道还能体验越野骑行。无论是休闲骑行者,还是专业骑手,都把这里当作运动乐园。"周末去大木山茶园!"这句话并非指到茶园去劳动,更多是到茶园运动、休闲、游玩。

"运动+旅游",可复制、可拓展。同为省级运动休闲旅游优秀项目的七沐山景区,以全长108米、华东地区最长、下降速度最快的极速滑草场为特色主项目,配套开发了碰碰车、碰碰船、激光打靶、漂流等运动休闲业态,迅速积攒人气;以运动休闲为主线、松阴溪为载体,松阳双龙运动休闲旅游中心建成青龙湖皮划艇基地、星空露营营地、湿地休闲乐园,专注发展亲子活动、水上运动、露营团建等,引领游客深度体验"户外天堂、露营胜地"。

在乡野植入运动元素,使运动休闲元素与优质文旅资源实现深度融合,只是第一步。记者了解到,下一步就要做足"赛事+"融合文章,加快推动实现运动休闲产业与经济、社会、旅游、文化、生态的协调发展,以品牌赛事带动体育经济的发展。

为此松阳已经进行了很好的探索与尝试。2021年,举办了"陈妙林带你探索江南秘境"户外体育直播活动,吸引央视新闻等20余家平台转播,观看人数破400万;举办"走进国家传统村落公园"系列赛之全国气排球邀请赛、古村探秘定向赛等赛事活动,有效助力旅游市场经济复苏。在双童山景区举办一场摇滚机车音乐节,作为松阳首届江南机车节吸引不少全国各地骑手们汇聚,体验速度与激情。把体育与音乐相结合,融合休闲度假、乡村体验、体育运动、潮流娱乐等主题业态,对推广松阳的知名度、美誉度,加快文旅产业的高质量发展,带动县域发展,提升乡村度假旅游发展水平,都起到了积极作用。

运动休闲品牌赛事区别于一般赛事,在于它享有较高的知名度、美誉度和忠诚度,公众参与度广、辐射带动性强,持久举办影响力大、市场运作能力良好。因为大型赛事的刺激,当地居民也搞起了民宿,与其他地区不同,这里的民宿不需要过多包装,甚至不需要设计装修就能呈现得十分"小清新",浑然天成的古朴村落自然吸引了不少户外运动爱好者,"酉田花开""莺舍"都登上了网络热搜。

松阳依托田园好风光的资源优势,还在积极引入专业化赛事经营管理团队,创办一批带动效应强的运动休闲赛事,如飞拉达赛、登山赛、越野赛、自行车赛等,形成定期举办的固定化赛事，按市级品牌、省级品牌、国际级品牌的路径逐步提升，松阳锚定的是"全国知名的重要户外休闲运动养生基地""国家级乃至世界级的户外健身运动比赛的重要承办地"目标。

（黄维　汤怡虹）

青田县：运动瓯江，发现侨乡时尚之美

一提到青田，油然联想到的是"侨乡"。这座小城，超过30万人分布在一百多个国家与地区创业，故有"世界青田"之美誉。

青田也是山乡，"九山半水半分田"的山区县。坐火车途经青田，火车与八百里瓯江相伴而行，几乎一直在两山之间穿越，还有数不清的隧道，半座县城挂在山坡上是一道别样的风景。

"山区县"与"侨乡"邂逅，会是怎样的景象？侨乡韵味、欧陆风情。不大的县城，坐拥三百多家咖啡店，超市、菜市场各种外汇通用，连体育馆、游泳馆的建筑都是欧洲风格……宛如来到了国外小城。这就是青田的时尚。

八百里瓯江，最美在青田。沿江两岸，时尚户外运动与侨乡的自然风光、人文风情相映生辉。记者的足迹，沿着瓯江从北到南，处处都是时尚户外运动的好风光——

祯埠镇 祯埠绿道·真不一样

祯埠镇就在瓯江之畔，北距丽水市区，南到青田县城，均只有半个小时车程。

这座名不见经传的小镇，捧回了一个省里的大奖。第五届"浙江最美绿道"名单中，祯埠绿道榜上有名。

长约7.6公里的祯埠绿道，相比于其他上榜绿道，既不是距离最长的，也不是投资最大的，凭什么获此殊荣？镇长麻键威调侃：祯埠绿道，真不一样！

这条绿道就像一条长龙匍匐在瓯江的滩涂上，一边是浩渺的瓯江水，一边是石驳

的古岸堤。串联起祯埠村、陈篆村和相邻的海口镇南岸村等5个行政村。"真不一样"的是，绿道沿线2457棵三四十米高的参天大树，像一个个腰杆笔挺的战士林立守护着。这是省内其他绿道所不能比拟的，因此在"透视率"这项评比指标中独树一帜。

在绿道修建前，海口镇南岸村至祯埠镇祯埠村沿岸许多都是荒地，不仅杂草丛生，影响村民出行，环境卫生也不乐观，不少地段被当成临时垃圾场。

今非昔比。如今在祯埠村路段，徒步、骑行的游客络绎不绝。村民王振言每天都会沿着绿道休闲锻炼，他说："对老百姓来说，生活品质、品位提高了。"与绿道建设同步的是"舟观江影""商航港埠"等多个景点，生动还原古时祯埠港的繁华景象，还展现了丝路文化底蕴，成为摄影爱好者的最佳拍摄点之一。

绿道不仅美，还能点"绿"成金。绿道建成后，来此休闲、健身、旅游的人络绎不绝，"绿道驿站""游客接待中心"应运而生。乡亲们酿的土蜂蜜、晒的笋干、炒的茶叶等生态农产品，纷纷摆上了货柜。绿道建成半年，土特产销售就实现利润63万元，富了村民，壮大了集体经济收入。陈篆村党支部书记、村委会主任蓝荣民告诉记者，国庆长假期间，房车爱好者将农家酿的黄酒成坛买走，土鸡蛋一买就是上百个。家门口的"绿"经济，也让曾经外出闯荡的乡亲们看到了新希望，纷纷回乡创业，有的开起了民宿，有的开起了咖啡吧。

镇里正在对绿道沿线产业统筹谋划、整体布局，努力形成一条迈向共同富裕的"祯埠绿道经济产业带"，涉及强村富民、农旅融合、团建企划三大类28个项目。其中自行车骑行、竹排漂流、水上运动、亲子采摘等24个项目已投入运营，初步实现风景串点成线、资源点"绿"成金。同时，在绿道沿线打造红色教育基地、露营基地、身心疗愈基地、写生基地、团建活动基地、婚纱摄影基地等七大主题基地，将陆续推出民宿、骑行、登山、露营、漂流、采摘、摄影等特色旅游业态，着力发展"绿道+产业+文化+赛事"模式。绿道经济和民宿产业紧密结合，让游客在绿道欣赏沿途美景的同时，也能享受吃、住、玩、乐、购等一条龙贴心服务。

"绿道改变了深山有资源却无人知无人来的窘境。"麻键威对此特别欣慰。

高市乡 滑雪场带来的酷玩、潮玩、智玩嬗变

由祯埠镇沿瓯江南下10分钟车程，即到高市乡。这个滨江靠山的小乡镇，名气最大的当数青田乐园滑雪场。这也是丽水地区首个室内滑雪场。

对于南方省份的浙江而言，滑雪无疑是一项时尚运动。滑雪场落户高市，让大山里的孩子变得洋气起来。记者到访时，正好碰上在雪场上体育课的高市乡学校的孩子们。从雪道上逶迤而下，煞是壮观。校长郑英锐介绍，三年前学校与滑雪场合作，组

建了浙江省第一支中小学生滑雪队，如今大山里的孩子已经多次参加全国性比赛。滑雪运动的普及率，在这所学校的三百多名孩子中达到全覆盖。

乡党委书记李剑鸣说，滑雪打开的是一扇开放之窗，展示出高市的时尚。"以青田乐园滑雪场为重要载体，高市正在打造'酷野运动休闲小镇'。"

这位年轻的党委书记，向记者描绘了一幅波澜壮阔的"时尚户外运动地图"。着力打造室内滑雪、室外休闲、户外探险、水上游乐、军事体验、山地穿越、野村乐跑、低空探秘等中高端运动休闲核心项目，并充分利用华侨资源和产业优势形成集聚效应。"到高市，酷玩、潮玩、智玩和山地水域野外运动休闲项目，打造村野休闲的慢运动主题小镇。"这是高市明天的走向与期望。

祯旺乡应章村"从没有这么热闹过"，93岁的老人流泪了

从青田县城驱车往南一个多小时，到达海拔800米的祯旺乡应章村。这里天蓝水清、山高水长，拥有百亩草甸、万亩梯田，自然风光美不胜收，但千百年来百姓过着日出而作、日落而息的生活，属于青田"老少边穷"地区。

县文广旅体局局长叶根长与相关专家到应章村实地考察，致力于开发全域旅游，希望通过文旅体融合赋能乡村振兴，助力富民增收。到了国庆长假期间，越野车自驾游一族开启了"振兴乡村的破冰之旅"。星空、草地、牧场、帐篷节、音乐晚会、篝火晚会、火舞表演、浑水抓鱼……以"丽水山路，侨乡云境"为主题的首届星空草甸露营节在应章村举办，吸引徒步、溯溪、自驾越野爱好者300余人参加。

"90%的游客来自上海、杭州、金华、嘉兴等地，好玩有趣的活动吸引外来游客走进青田、了解青田、爱上青田，提高我县户外旅游资源的知名度、美誉度，助力偏远山区乡村的发展，为山区乡村注入人气、活力、财气，也是偏远山区乡村振兴及共同富裕的路径探索。"青田县文广旅体局党组成员周晓鸣认为。应章村一位93岁的老人，面对这样的热闹场景激动得流了泪，"从没有这么热闹过"。

徒步、自驾、溯溪，现在应章村的户外旅游已经逐渐成为常态。配套设施、服务也正在完善之中，古老的山村因为时尚运动而正变得朝气蓬勃。

（黄维　汤怡虹）

云和县：小县大城与小体育大经济

秀山丽水的云和县，距丽水不过一个小时车程。这里只有十余万人，是浙江人口规模最小的县区之一。不过云和素有"小县大城"之誉——全县一半以上的人口，集聚在县城。

"九山半水半分田"的云和，集山、林、湖、江、田于一体。最有名的山水资源，包括云和梯田、云和湖，以及连绵不绝的云和山路。"体育的赛事经济，体育与旅游、文化、农业等的融合经济，如何能让山区县走出一条可持续发展的路子，一直是我们在探索与实践的。"云和县文广旅体局副局长季绍斌介绍。

从顶层设计到基层探索，自上到下形成了一股磅礴力量。小县大城的云和，办小体育收获了大经济。

云海梯田：美丽风景"动"起来

在杭州地铁、萧山机场，随处可见织锦般的"云和梯田"。

离县城半小时车程、位于崇头镇的云和梯田是华东地区最大的梯田群，总面积51平方公里，垂直高度1200多米，跨越高山、丘陵、谷地三个地质景观带，最多有700多层。记者到访时，正是七月流火时节，梯田里的水稻一片盎然。

作家茅盾说过，风景是美的，有人的风景是真正的美。在云和梯田，最美的则是"动"起来的风景。除了"春赏花、夏寻绿、秋登高、冬看雪"外，"农耕文化+特色比赛"让云和梯田的风景变得更富立体感。"割稻、浑水摸鱼、插秧、田间拔河等农耕比赛，吸引了众多海内外游客"，云和梯田营销中心经理刘晨晓告诉记者，自2006年开始每年举办的开犁节，都因地制宜做足农事体育体验文章。尤其是这几年，具有梯田特色的体育赛事越来越丰富。梯田上的自行车爬坡赛、梯田毅行大赛、梯田泥地障碍赛，想想都是趣味盎然。不断推陈出新，把梯田尾波冲浪、全地形跑山车赛也引进到山上，"土得掉渣"的梯田与时尚洋气的运动，在云和梯田上演奏出美妙的交响乐。

运动休闲已经成为云和梯田吸引游客的重要看点。在安徽来云和梯田经营民宿的李凯告诉记者，来梯田的游客更喜欢爬爬山、溯溯溪、骑骑车、拍拍照，这一两年还流行搭帐篷露营，数数星星、发发呆。记者了解到，7月梯田景区接待游客达4.2万人，收入超300万元。

目前，云和梯田已建成全长3.88公里的华东最长观云索道，推出大型玻璃观光塔、高空秋千、高空滑索、星空露营等网红体验项目。投资1000余万元的云和梯田竹村户外拓展训练基地也已完工，将吸引更多游客和体育爱好者打卡。

山里"看海"：空心村变网红村

"汀"，水边平地。石塘镇长汀村在水一方，依云和湖而建，瓯江穿村而过，湖水碧波荡漾，村落、白墙、青瓦和青山交相辉映。不过现在看到的是"美好"，十年前这里还是一片凋敝——出村都要靠轮渡，如果天黑后回来恐怕都没办法进村。

长汀曾是全县有名的"空心村"，村民共200多人，但常住的不到四分之一，大多以出门打工为主。在县里支持下，长汀村打造人工"海景"发展旅游。2016年前后，用了3个月时间，成功建成长约1公里、平均宽度30米的淡水沙滩——沙子从福建运过来，光是这笔费用就花了一百多万元。沙滩上还种了一排棕榈树，放置沙滩长椅、沙滩草棚等，这也是丽水市第一个阳光沙滩。

"大山里的黄金海岸"成为丽水乡村旅游的一张金名片。"民宿开业后生意火爆，经常连大厅都挤满人，黄金周必须提前一个月预订房间。"经营汀南丝雨民宿的钱杰是长汀土著，85后。原本，他与父母一起在江苏做小生意，自从造起人工沙滩后毅然回到了山里，改造宅院开办民宿，去年经营额超过40万元。还有比钱杰更具传奇的：一位村民在北京租赁房子办小超市，房东听说长汀沙滩这么好的资源后，反过来到长汀租赁房子开办民宿。目前，小小的长汀村已拥有15家民宿、农家乐。"闲置房子被利用起来，同时提供了不少就业岗位。虽然辛苦，但在家门口就能创业致富，很幸福。"钱杰说。

人工沙滩凭什么一夜走红？除了新奇、好玩外，更重要的是参与、比拼、刺激。长汀村积极探索"体育+旅游"的模式，围绕沙滩气排球比赛，汇聚赛事与景区融合发展，推动体育产业和旅游产业深度融合。沙滩气排球是一项集竞技对抗、观赏娱乐、休闲健身、时尚趣味等多种属性于一体的户外运动，代表着阳光时尚、健美奔放的现代生活方式，深受年轻人追捧，它对场地设施要求并不苛刻，"人造沙滩"也完全可以。正是基于这些优点，越来越多的城市开始尝试发展沙滩气排球。2019年长汀村成为丽水市沙滩气排球训练基地，在家门口就能参赛、办赛。

湖中"打铁"：打造全域运动场

铁人三项作为既考验毅力，又比拼速度的项目，受到运动一族的喜爱。不过，这项运动对场地要求较高。有山有水的云和，成了铁人运动爱好者的天堂。

云和拥有天然的生态禀赋，在云和湖里乘风破浪，在"十里云和"风景线上展开速度与耐力的比拼，岂不是一种享受！自2017年起，云和已成功举办了4届以"踏云寻梦·铸铁云和"为主题的环云和湖铁人三项比赛——赛道两侧，一侧是云水相接的湖光，一侧是层林尽染的山色，运动员们能既饱眼福又享受运动的快感。赛事路线还特别在县城体育馆设置自行车、跑步的赛道换项，市民可以近距离与运动员们互动，成为看得见、摸得着、分享得到的"全民赛事"。

近年来，云和正在谋划具有国际影响力的环云和湖"康体运动"品牌赛事，让优越的自然资源和别具一格的生态环境推动品牌体育赛事脱颖而出，丰富云和"体育+旅游"的内涵，真正体验"人融景、景成画、人景相融"的惬意和乐趣，带动一城一湖一梯田生态休闲产业发展。

（黄维　汤怡虹）

景宁县：运动振兴乡村的"秋炉模式"

景宁畲族自治县在哪里？恐怕连不少浙江人都搞不清楚。隶属丽水市的景宁县较为偏远，藏在大山深处，与福建交界。景宁县又大名鼎鼎，是华东地区唯一的少数民族自治县，也是全国唯一的畲族自治县。

目的地是景宁县秋炉乡，名字好富有诗意！不过，当车从景宁县城出发，行驶在曲里拐弯的盘山公路上时，这种诗意就变成了苦意——秋炉乡距县城70公里。

秋炉乡党委副书记、乡长雷永伟是个畲族干部，厚道、热情，充满了激情。还没有到乡政府，大老远就来迎接记者，两只热情的手把记者捏得好紧，"稀客，稀客！"雷永伟连声说道。

这话一点不做作。秋炉乡只有4个行政村，户籍人口4900多人，常住人口只有476人。"留下的绝大多数都是老人。平时，连走亲戚的都很少。"雷永伟介绍。

雷永伟是土生土长的景宁人。六年前到秋炉任职，这也是他第一次踏上这片贫瘠的土地。

秋炉的变化，从2018年起悄然发生。秋炉乡提出体育赋能乡村的发展思路，灵感来自穿乡而过"景庆古道"，这是明清时期景宁通往庆元再到福建、江西的官道，全长10公里，曾被评为2016年浙江省十大最美森林古道之一。秋炉乡的打算是通过发展运动休闲，让古老的山道焕发新活力。雷永伟回忆，当时连乡干部自己都怀疑：会有游客愿意进山吗？乡里做了一些调研，户外爱好者们的回答"只要能玩，我们就不怕远，也不怕苦"，这话让雷永伟及干部们信心满满。

当年，省里、县上有一笔数百万元的小城镇治理专项经费。乡里开会讨论，决定

竞跑共富路
——71个浙江体育的实践样本

"把钱用在刀刃上"——建造运动休闲基础设施，大兴运动休闲产业。

沿着秋炉溪，原本有一座垃圾焚烧厂。很快这块土地"变废为宝"，打造出秋炉乡户外拓展训练基地。笼式足球场、攀岩墙、露天泳池、水上闯关设施，记者见到时已经颇具规模。除此，又改造了闲置的学校旧址，建设乡村体育俱乐部、风雨操场、健身房等。还因地制宜，在小城镇治理过程中清治"脏乱差"点位1700多处，在改善环境的同时也为运动小镇建设腾出了空间——过去"脏乱差"的背街小巷成了街巷CS的"战场"，一些违章拆除后的石头墙，则成了CS项目的掩体，零成本增加运动场地，还给人口逐渐外流的小山村增添了人气。

筑巢引凤，迎来一批批运动爱好者。即便是新冠疫情期间，每年接待的客人也都在6000人以上。有的是自驾游，有的是组织团建；既有景宁本地的，也有周边县市的，甚至还有省外客人，一辆辆满载着游客的汽车开进大山。雷永伟感慨：之前很多村民连大巴车都没见过！

除参与运动休闲项目外，自然还要吃、住、购，秋炉乡看见了更大商机。学校搬迁后留下的教学楼、宿舍楼，改造成集体宿舍、餐厅，目前可以同时容纳100多人吃住。村民们也看到了"钱"景，先后开出5家小卖部，农户原本自产自销的香榧、家禽、鸡蛋等也成为了抢手货。路边支个摊位，就地做起小买卖。村民李昌谷感叹，发展运动休闲带来了实实在在的好处，不仅致富奔小康，也让山里人的眼界开阔了。

从2019年开始，为让运动小镇既有"形"又有"魂"，既有"颜值"又有"内涵"，在逐渐形成"吃住行游娱"一条龙服务、打造全产业链的同时，也通过各种手段擦亮底色。"运动休闲小镇建设必须有业态支撑，依托山水资源发展赛事经济，打造'大健康'产业，让沉睡的绿水青山产出源源不断的金山银山，实现村强民富，运动小镇才能有更持续的生命力。"雷永伟如是说。

秋炉乡紧紧依靠和运用跨山统筹、创新引领、问海借力三把"金钥匙"，由全部的4个行政村经济合作社参与投资入股，成立邱庐投资发展有限公司，与第三方户外运动企业开展市场化运营方式，还与周边兄弟乡镇互补性抱团发展乡村旅游业，共同合作推广运营秋炉户外运动基地。"完善、专业的户外教育课程体系，开展各类赛事、团建、户外运动游等活动，吸引更多户外运动爱好者参加亲子游、夏令营、研学、应急培训等活动，实现多元化经营。"公司负责人徐天鸿介绍。这个暑期的各类研学、团建等尤为火爆，邻县一个60人的团队，一来就待了一个星期，户外拓展、水上冲关，以及"重走红军路"，来了都不想走了。

雷永伟意识到，如果仅仅依靠山地资源打造运动小镇，很容易被复制，甚至很快被替代，"一定得有自己的特色、亮点。"秋炉开始做民族体育的文章。景宁是畲族自治县，畲族体育文化底蕴厚重，用了一年时间，打造了一座民族体育展示科普馆，已经对外开放。科普馆以图文、实物、交互体验等方式让参观者直观了解民族体育文化，同时也可以在这里体验摇锅、稳凳、石磉等民族体育运动，正成为展示畲乡民族体育的重要窗口。

另外对接专业团队，着手调研、开发"运动秋炉"数字化平台，将秋炉乡境内的自驾越野路线、景庆古道徒步路线、半山梯田露营基地、下圩河滩露营基地、山头村古道悬崖露营基地、秋炉村草坪露营基地、房车基地等场景数字化，户外爱好者可以一键查询相应点位信息、路线轨迹、沿途风景等内容，方便户外爱好者动动手指了解秋炉户外资源，实现一键导航，同时，将秋炉乡境内的户外资源集中呈现、整体打包。

这几年，秋炉乡成功举办了古道登山文化节、乡村骑游赛、乡村运动会、红色越野赛等系列赛事，仅一场乡村运动会，"景宁600"品牌高山农家米就销售了5000余斤，不少高山生态农产品也成了抢手货，农户们笑了、乐了。4个行政村通过入股秋炉户外拓展训练基地，平均每个村每年集体经济收入增收10万元以上，成功"消薄"。

2021年，丽水市领导莅临秋炉乡调研，对这个山区乡打造运动小镇促进农民增收的做法给予充分肯定："一个好点子激活了一个偏远乡镇，不仅吸引了人气，带动了旅游消费，还盘活了农村资源，这么好的环境又有这么好的体育功能，来的使人很舒服、放松。"

当年底，名不见经传的秋炉乡，在全县"消薄"考核中，名列三类乡镇第一名。这是从没有过的光荣。

（黄维　汤怡虹）

龙泉市：在江南之巅领略刀光剑影

青瓷之都、宝剑之邦，能够把青瓷与宝剑连在一起的，只有龙泉。

龙泉是丽水所辖唯一的县级市。龙泉还拥有江浙最高的山峰——百山祖的黄茅尖（海拔1929米）。这些资源，如何"嫁接"给龙泉体育？又呈现出怎样的效应？提到此，龙泉体育有故事可讲。

一把龙泉剑，长袖善"武"

不少人心中似乎都有过一个侠客梦，"万里横戈探虎穴，三杯拔剑舞龙泉"。关于宝剑与侠客的无数想象，让人心潮澎湃。而龙泉，恰是这样一个彰显豪迈自由、行侠仗义的"剑都"。一柄坚韧锋利、寒光乍现的龙泉宝剑是当地的文化地标、精神象征。这里被称作全世界最大的手工刀剑生产基地，十个城里人中就有一人从事这个行业。

武术和宝剑，有着天然相契合的气质：前者内外兼修、刚柔并济，后者千锤百炼、不畏磨砺。2019年，龙泉发出"论剑"邀请，成功打造首届浙江省"龙泉论剑"传统武术比赛，为广大武术爱好者提供了以武会友的平台。拳法、棍法、刀剑齐上场，各门派武林高手挪闪腾跃间尽写"英雄传说"。之后，2020长三角"龙泉论剑"武术大赛、第七届浙江省太极拳公开赛相继花落龙泉。

在龙泉办比赛，赛场内外都很精彩。体育馆外，龙泉宝剑、龙泉青瓷等"土特产"摊位前人头攒动，"每一辆参赛队员的大巴上，80%都买了龙泉宝剑。"该市文广旅体局副局长潘水平说。在龙泉宝剑厂厂长、"龙泉宝剑"掌门人张叶胜看来，武术比赛给龙泉的宝剑行业带来更多发展前景。他回忆，过去很多年龙泉的宝剑厂家习惯全国各地跑武术赛场，做广告、搞推销，现在把比赛办到龙泉，比赛之余到宝剑厂参观、挑货，成了最好的活广告。"光是武术用剑，每年就有上万把的销量，有的还是批量订货。"张叶胜说。

一条千八线，"跑"出加速度

龙泉是江南之巅——山高路远、坡陡弯多，不过这也是体育的重要资源。从2016年起，江南之巅天空越野赛，让全国各地的越野跑爱好者体验了千八线的终极"虐恋"。

100公里，连续穿越四座海拔1800米以上的山峰，横跨长三角第一高峰黄茅尖，累计爬升11140米，赛道各项难度指标皆经国际越野跑协会认证。利用森林、古道、防火道、景区游步道等山地资源，龙泉打造了一条强度大、路程长、线路复杂的"华东第一虐"精品越野赛道，培育自主赛事IP——"江南之巅"天空越野赛，一经推出就吸引了众多国内外专业顶级选手报名参赛。赛事途经的大赛村、官田村、横溪村等，每当赛事到来之时就分外热闹。横溪村还发动了外出村民和外嫁女儿回村，一起参与赛事服务保障，煮茶做饭、鸣锣开道，热闹得就像过年一样。潘水平告诉记者，越野赛在提高龙泉知名度的同时，也给当地经济带来积极影响，直接消费包括吃、住、行、购。龙泉做过一个调查，外地参赛者到龙泉平均住宿1.8晚，交通、饮食、住宿花费600元至2000元之间，这还不算选手的亲朋好友在龙泉的消费。越野赛核心线路所在的屏南镇已经在规划打造"中国越野小镇"，并相继谋划"坪田—南垟—横溪""坪田—地畲—车盘坑""坪田—周岱"等适合不同人群参与的越野赛道。

值得一提的是，江南之巅天空系列赛的奖牌选用青瓷制作。"除了独特的山地生态资源，还有独特的非遗文化——龙泉青瓷，通过一项赛事把龙泉青瓷也推广宣传出去，是一场跨界的合作。"潘水平感慨，"体育产业不仅仅是体育本身，而是联动发展，这也是体育独特魅力的体现。"

一张体育彩票，文旅体跨界联姻

2022年4月，"中国瓷·龙泉窑"主题即开票在全国公开发行，覆盖全国20多万个网点。截至2022年10月，共计发行4320万元。这是体育彩票与龙泉青瓷的首次结合，是体育与文化的交相辉映。

记者看到了这张有着浓墨重彩龙泉元素的体育彩票。票面以龙泉青瓷为背景图案，融入龙、凤凰、锦鲤等元素，构图精美，简约大方；《凤耳瓶》颈部细长，腹部直筒形，口沿如盘向外张开，瓶颈中部双凤首相背，造型古朴典雅；《玉壶春》撇口，细颈，圆腹，圈足，施以梅子青釉，添加上点彩工艺，使其更加栩栩如生；《弦纹梅瓶》颈部细短，丰肩，通体以弦纹装饰，端庄稳重，不失秀美……这些朴素典雅而不失新意的样式，均出自龙泉青瓷大师徐建新之手。

"之前，文物级的龙泉青瓷一般只会在博物馆中展出，传播面比较小。现在，通过一张体育彩票，龙泉青瓷经典器形走向全国，通过购彩者传播，极大地助力龙泉青瓷传统文化的推广。""体彩+青瓷"的跨界融合，提升了"天下龙泉"品牌的知名度和影响力，很好地传播了中国优秀传统文化。

其实，这并不是龙泉第一次尝试"体育+文化"跨界融合。2021年6月至7月，龙泉市文广旅体局联合中国体育彩票举办"乐购体育彩票 畅游天下龙泉"主题宣传活动。两个国家4A级景区百山祖国家公园、中国青瓷小镇，被"搬上"电脑型体育彩票的票面进行推广，并通过设奖的方式引导省内游客免费游览，取得不错的效果。活动期间，共送出龙泉景区门票81440张。

（黄维　汤怡虹）

庆元县：体育从"美好的相遇开始"

"庆，美好；元，开始。'庆元'，意思就是美好的开始。"这是庆元县名的正解。

庆元，偏隅群山环绕的浙西南。偏远、交通不便、经济不够发达，这是很多人对庆元的印象。不过，如果来到庆元，参与体育，那么一定会在这里从"美好的相遇开始"。

"九山半水半分田"的庆元是中国生态环境第一县。这个"第一"，从全国2348个县（市、区）中脱颖而出，含金量极高。庆元的森林覆盖率高达86%，全年平均气温22摄氏度。庆元也是中国著名的廊桥之乡，全县境内现存的廊桥多达130多座，星星点点散落八村四野，是庆元独具特色的地标建筑。

一场马拉松，让拥有"生态环境第一县""中国廊桥之乡"两张王牌的庆元，打出了一手好牌！庆元廊桥国际马拉松越野赛，突出"国际性、慢运动"，从县城的城市广场出发，到月山村为中点，终点则是"进士第一村"大济，全程60多公里。安排两天的赛程，穿越途经4个镇乡、20多座廊桥。2000人的赛事规模，第1届来自26个国家与地区，第3届已经扩大至65个。在参赛的过程中，参赛者能用眼睛感受到庆元之美，对于庆元来说则是实打实的赛事经济收获，"两天的赛事，除了交通、购物、旅游外，吃、住的消费都是翻倍的。"县文广旅体局副局长阙文伟说。网络直播又给这项赛事的"国际化"赋能，第一届的收看人数是1780万人次，之后又连续攀升，一场赛事成为庆元的一次国际传播盛会。

显然，廊桥国际越野马拉松让庆元尝到了甜头。目前，正在有序筹办第4届，可望2022年11月再次如约而至。好山好水好空气是庆元的"土特产"，阙文伟说"庆元的户外运动,就是要做好山水文章"——庆元的冬泳邀请赛又渐成IP赛事。这项赛事,让庆元冬季的旅游市场"烧了一把火"——譬如,分配给江苏苏州队的参赛名额是10个,结果加上亲友团总共来了69人,在庆元参赛加旅游待了7天。

到庆元参与体育,从"美好的相遇开始"。除跑廊桥马拉松、角逐冬泳赛外,还可以徒步百山祖、骑行山水间等。2020年,庆元县结束了不通铁路的历史,"绿巨人"缓缓驶进山城,从上海、杭州到福建,都有直达的火车。"不要再说'到庆元不方便',多来走走,多来运动。"当地的县领导邀约。

记者了解到,投资2个亿、占地61亩的县体育中心,正快马加鞭推进建设,包括体育馆、体育场、全民健身中心,2023年竣工并开放;各个镇乡与26个县级体育协会组织,也在打造更多体育旅游的项目,如荷地镇的乒乓球赛,安南乡、隆宫乡的竹林自行车穿越赛等,让更多运动爱好者在庆元"遇见美好",润肺、养生、健体、愉悦身心。

(黄维 汤怡虹)

延伸阅读

荷地镇独辟蹊径"鼓荷包"
——记庆元县浙西南亚高原运动基地

荷地在"何地"?这个问题,估计很多读者回答不上。不过,或许用不了多久,荷地这个地名会如雷贯耳。

荷地位于庆元县东部,一个山区镇。当地百姓津津乐道的是荷地"二十年前的荣光":庆元东部山区的大镇、重镇,市场热闹、人头攒动。

不过,早已不复当年的盛况。全镇户籍人口1.2万,常住人口1000人左右,集镇上人不多、车更少,街市式微。与杭州盛夏季节的连日高温相比,这里称得上是避暑天堂。白天,不用开空调;晚上,不盖条薄被可能被冻醒——荷地镇政府所在地海拔1040米,整个镇的区间海拔为1040~1626米,全省海拔最高的乡镇之一。

高海拔、山区、交通闭塞、点多户散、人员外流。这些都是阻碍经济发展的重重山关。2021年9月,徐和青履新荷地镇党委书记,摆在他面前的就是这么一个现状,也可以说是难题、困境。

换届后的第一次党委班子会议,开启"思想解放大讨论":如何创新引领,让"有限空间"成为"无限可能","闲置资产"成为"发展资本","山水颜值"成为"现实价值"？

发挥高原台地独有先天优势，一张"浙西南亚高原运动基地"的蓝图逐渐变得清晰起来。

徐和青与班子成员反复思考过这个问题：在海拔1040米的高山台地，具备"亚高原训练"的地理条件，打造填补浙江省内空白、长三角地区独树一帜的亚高原运动基地，既是独创性，又具不可复制性。

徐和青也盘点过荷地的资源。原荷地中学停办后，留下三十多亩闲置土地、8000余平方米的空置房子，新建成的荷地镇福利中心的住宿、餐饮接待可以实现"共享"，除此还有拆装式泳池、篮球场、文化礼堂等也能综合利用。

2022年初，"浙西南亚高原运动基地"项目，在全县的项目谋划大比武中，从90多个项目的激烈竞争中脱颖而出，夺得第一名荣膺"猛虎奖"。组委会给予高度评价：该项目的谋划不涉及政策处理、不新增土地指标、不浪费闲置资产。

落实是关键。镇纪委书记胡余天，熟悉投资、建设领域，直接抓这个项目的推进；常务副镇长吴政翰，大学学的就是体育专业，自然勇挑分管责任。

镇里投入了60多万元，对原荷地中学的教学楼、校舍、田径场，以及其他公共体育资源进行微改造、精提升。与此同时，把荷地的高山户外运动资源也串点成线，如双苗尖露营观星大本营、通景公路越野赛道等，运动、观光、休闲、餐饮、住宿等多要素联动，形成促进共同富裕的产业集群。

"浙西南亚高原运动基地"初亮相。公司单位团建、户外探险露营、休闲避暑疗养、亲子游玩体验等纷至沓来，短短两个月已经承接各类活动超过30场次，客流量超过2000人次，月月周周日日有活动，直接带动产业增收50余万元，仅夏令营产生的经济收入就超过20余万元，2022年突破100万元。

这种悄然变化，令荷地村党支部书记吴春成感慨万千："荷地中学停办后，整个镇就冷清下来了；这个基地一开放，人气马上又旺了，连进理发店、餐馆等都要排队了。"老百姓的嗅觉更"灵"，先后开办农家乐、民宿12家。"以前我们的生意不太稳定，以散客为主，今年暑假，各类学生夏令营一包就是一周，以前想都不敢想"。双苗尖民宿老板吴进英说道。

徐和青信心满满："荷地独辟蹊径发展运动休闲业，不仅要'鼓荷包'，更要打造乡村振兴的示范点。"

昆明的海埂基地、西宁的多巴基地等，都是国内享有盛誉的高原训练基地，几乎常年都有专业队伍在那里训练和生活，这些都对当地经济的发展与知名度的提升起到了很大的促进作用。然而这也正是荷地浙西南亚高原运动基地所期待的。目前，荷地镇正与训练单位、科研机构积极对接，有意引进高水平运动队到浙西南亚高原运动基地"大练兵",比如中长跑队、自行车队、足球队等,以检验亚高原训练的成效;另外,正在争取各方支持,加快推进田径场、训练房,以及配套的住宿、餐厅等改造,以提供更好服务与保障。

(黄维　汤怡虹)

嵊泗县：从百姓"享体育"到游客"玩体育"

浙江的县（市）中，哪个陆域面积最小？海洋面积最大？人口最少？三个问题的答案，都是同一个县。这个县叫嵊泗。

从严格意义上来说，嵊泗是目前浙江唯一的海岛县。温州洞头区、舟山岱山县先后通了跨海大桥，唯独嵊泗远离浙江大陆板块。嵊泗由630个星罗棋布的岛屿组成，统称"嵊泗列岛"，总面积不到100平方公里，海域面积则达到8000多平方公里，素有"一分岛礁九九海"之称。全县7个乡镇、总人口6.6万，其中本岛包括县城所在地菜园镇及五龙乡，另外5个乡镇都位于不同岛屿，最远的距本岛坐快艇都要一个多小时。

"离岛·微城·慢生活"，这是嵊泗的城市宣传口号。从杭州出发开始，作为一名体育记者，对这一城市宣传口号的感受越来越真切。

享体育"海岛上的老百姓，比你们更热爱运动"

纵横交错的铁路网、高速公路网，让空间距离变得越来越短；而互联网，则让世界变成了地球村。不过，出差到嵊泗可急不得。

从杭州出发，两个半小时的车程抵达舟山三江码头；乘坐客船向北进发，大海的蔚蓝越来越深，海浪越来越高，将近4个小时的船程，终于靠岸。嵊泗，到了！接站的同志告诉记者："你们已经算顺风顺水了，如果碰上大风大浪，根本上不了岛。"

嵊泗县城所在的嵊泗岛，面积20余万平方公里，比澳门略小些。县城的街巷呈

"井"字形分布，即便放慢步子逛遍县城，也用不了半个小时。海风吹过让人感觉凉爽、干净，空气带着淡淡的海腥味，这是岛县特有的风情。

"海岛上的老百姓，比你们更热爱运动。"县文广旅体局副局长张建波开门见山，说完站起身，"跟着我去看一看。"强烈的阳光下，我们跟着东道主开始"巡岛"。汽车曲里拐弯，海岛很难有笔直的马路。是啊，海岛有两大难处，一是土地资源匮乏，二是淡水资源紧张。建设公共体育场馆设施嵊泗的经验是：化整为零、小型多样、资源共享。

——三营礼堂篮球场位于老居民区，利用的是山坡土地。原先是部队的篮球场，废弃后杂乱无章，县文广旅体局主动沟通，现在变为一片灯光篮球场，重新变得热闹起来；

——马关足球场包括一片七人制球场、一片五人制球场，原址是马关机械厂，废弃后县文广旅体局也将其变废为宝，现在成了嵊泗县足球爱好者的快乐天地；

——五龙乡的听海广场网红篮球场，一侧是蔚蓝的大海，一侧是人来人往的公路，为防止篮球掉进大海，护栏网增高到了三米多，不仅村民经常一展身手，游客也喜欢练练手。

……

为什么海岛上的老百姓更热爱运动？这个问题很容易理解。张建波介绍，相比于一般县市，作为海岛县的嵊泗公共文化生活相对单调，"望海广场上，放映一场电影都能吸引四五百人。"因此，参与体育锻炼不仅是全民健身，更是一种休闲娱乐。尤其是六七月休渔季，以及冬春两季，渔民参与体育的热情更加高涨。

党委政府对公共体育场馆的供给与完善，可谓是不遗余力。除嵊泗本岛，其余十多个有人居住的岛屿，都因地制宜大力建设体育场馆设施，如花鸟岛的登山步道，洋山岛的多功能运动场，黄龙岛的笼式足球场等。因特殊的区域环境，嵊泗组织召开全县性体育赛事很不容易，他们倡导"一乡镇一品牌""一岛屿一特色"，嵊山镇每两年举办一届渔民运动会，洋山镇举办徒步大会，枸杞镇举办军民篮球赛，无论对于参赛还是观赛的人来说，都是盛大的节日。

县里一直在谋划县级综合性体育场馆。相比于县级体育场、体育馆，海岛人民更盼望的是县级综合性健身场馆。一个好消息是，嵊泗县全民健身中心已经破土动工。占地15亩，投资概算3.2亿元，主体是一座贻贝造型、有着四层楼的全民健身大楼，可同时开展篮球、网球、羽毛球等十多个运动项目，还包括一座标准的室内游泳馆。

玩体育"玩了能上瘾，一直到你舍不得离开"

如果说，嵊泗的老百姓是在"享体育"，那么游客来到嵊泗则是"玩体育"。作为运动休闲，要更好地玩海洋体育；作为竞技体育，则是要把海洋体育玩得更好。

"海上日出"是一道美丽的风景。清晨，海边刚刚呈现鱼肚白，嵊泗岛的各个观景平台渐渐热闹起来。左岸公路沿着海岸线高低起伏，一队队骑行游客兴高采烈地上路了，追风也在追旭日东升，骑行是上岛游客的热门选择。

左岸公路作为一条网红路，不仅是游客骑行的首选线路，也是女子国际环岛自行车赛的重要赛段。一路骑行皆是风景，每骑行一小段都能呈现不同的景色，这项赛事因美轮美奂的海岛风情而拥有极高的口碑。

海岛县的体育，当然要做足做透"海文章""风文章""岛文章"。眼下正是暑期，金色的海滩、湛蓝的海水是游客所向往的。嵊泗岛有两片著名的姊妹沙滩，一片叫基湖沙滩，长2200米；一片叫南长涂沙滩，长2700米，一南一北、一缓一陡，背靠背遥相呼应。尤其到了傍晚时分，沙滩上"插蜡烛"、海滨浴场"煮饺子"，都是十分形象贴切的比喻。光是这两片海滨浴场，就能带火附近的渔家乐与民宿。而现在，运动休闲也开始玩起"串烧"游戏：海上飞鱼、角逐皮划艇—沙滩踢球、沙滩露营—滨海公路骑行或徒步，体验海岛嵊泗的运动之美，探究大海之奥秘。根据游客的喜好与需求，嵊泗还培育了自主品牌的IP赛事"划骑跑铁人三项"，即海上划皮划艇、公路上骑自行车、岸上跑步，推陈出新的"嵊泗铁人三项"受到体验游客、参赛选手的追捧。

根据嵊泗县打造"十里金滩"特色小镇的远景谋划，突出"休闲运动"这一核心定位，依托海滨浴场和金色沙滩资源，开设丰富的海上、沙滩、低空运动休闲体验，在传统项目的基础上还包括滑翔伞、热气球、海上冲关等，开展沙滩徒步、沙滩露营、沙滩四驱车等赛事活动，尽显海岛嵊泗的独特魅力。

还有一项海洋体育运动孕育着磅礴的海洋经济。630个岛屿是嵊泗开展海钓运动的天堂，一直以来受到海钓客的追捧。一年四季都有来自天南地北的海钓客，甚至还有来自日本、韩国的外国游客，开展矶钓、船钓、浮钓等不同形式的海钓，有的几十人组团而来，有的一待就是十天半个月。目前以嵊山岛为代表，已经着手打造"小岛你好"国际海钓基地总体规划，致力于由"渔经济"向"闲经济"模式转变。记者了解到，鼎盛时嵊山渔场超过10万渔民作业，随着对渔业资源保护，大力发展海钓业将是渔民重要的转型方向，随之也将推动嵊泗经济的迭代升级。

还有一个好消息，2024年第4届浙江省海洋运动会的主会场就在嵊泗列岛，目前开始筹备赛事。据透露，与以往相比，本届赛事的项目将更丰富，"海味"更浓，除浙

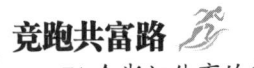

江民众外，长三角的海洋体育爱好者都可共襄盛举。

"玩了能上瘾，一直到你舍不得离开。"张建波说。

（黄维　陈艳平）

岱山县：一桥飞架，山海更逍遥

岱山是海岛县。但现在已算不上是真正意义上的"岛县"了，2021年底舟岱跨海大桥通车，从杭州到岱山不再需要轮渡，一脚油门就能直接上岛。岱山老百姓说：这是值得载入史册的日子。是啊，桥建了、车通了，来的人更多了。

岱山县地处舟山群岛中部，由379个大小岛屿组成，岛礁是独特的旅游资源。原本，因为远离大陆交通不便，阻碍了岛外游客的脚步。大多数老百姓都是摇着船橹，世世代代在大海中讨生活，日子过得艰辛而平淡。

通桥一年后，这个岛县获评"浙江省运动休闲基地"。海洋旅游、海洋运动、海洋文化，奏响一曲有着浓郁海韵特色的交响乐。听海风呼啸，看海浪惊涛，品海鲜佳肴，真叫一个令人流连忘返！

鹿栏晴沙　带有海味的郊外野趣

到了暑期，离县城一刻钟的"鹿栏晴沙"又开始闹猛起来。岱东镇所辖的这片金色沙滩，长3.6公里蔚为壮观，紧挨着就是久负盛名的海滨浴场。

如果仅仅到海里"洗个澡"，不免也太令人失望了。岱东镇镇长方通调侃，"鹿栏晴沙的野趣带有独特的海味"。以鹿栏晴沙为重要载体，正在打造"岱东郊野公园"，已跻身省级运动休闲乡镇培育名单。方通的设想，依托山、城、海、岛特色资源，通过"项目+赛事"双轮驱动，规划"一核一轴六片区"空间格局，打造体育旅游全域产业链。目前，轮廓已经渐渐显现，且磁场般释放出强大磁力。

鹿栏晴沙是一片天然的滨海运动场。2023年7月，举办了一场斯巴达勇士赛，从4岁开始的儿童、青少年，到酷爱"受虐一族"的运动达人，魔力般吸引3000人参赛。除参赛选手，还有陪伴的家长、助威的亲朋好友，上千辆车、五六千人流涌进岱山岛，一床难求、一餐难订。方通感慨，这样的热闹场面在新冠疫情后还是第一次见到。

再往前推一个月，中国第三届风筝板巡回赛来到岱山，同样是在鹿栏晴沙海域，来自全国各地的20支队伍展开角逐。这是一项时尚的海洋运动，结合了特技风筝、帆板、冲浪、滑水等元素。值得一提的是，"水翼风筝板"跻身2024年巴黎奥运会正式比赛项目，浙江已经在岱山组建队伍开始训练，"踏浪前行"也将成为一道别致的风景。

浙江省风筝板项目落户岱山并非偶然。风筝运动素有"北有潍坊，南有岱山"之称。"纸鸢凭好风"，鹿栏晴沙的黄金海岸正是放飞风筝的绝佳场所。尤其这十多年间，岱山引进举办了一大批国际国内风筝赛事。每次比赛，万众扬筝、争奇斗艳、鸢飞人笑。岱山风筝不仅是一项运动，还是一种文化和一大产业。举办风筝节的同时，往往还有风筝旅游节、风筝产品展览会，紧挨鹿栏晴沙的沙洋村，近水楼台先得月成功打造"风筝村"。最早是放风筝、做风筝，后来又建起风筝馆，现在更是把产业做长做大，兴办风筝作坊、开展风筝交流，农家乐、民宿也搞得风生水起。

岱东郊野公园的"野"，有着越来越丰富的内容与载体。这几年，同样作为时尚海洋运动的冲浪也正式在鹿栏晴沙登场。记者采访时，冲浪俱乐部负责人周凯源正准备"开张大吉"。这位酷爱冲浪的小伙子，浑身被海风吹得黢黑。从去年开始，多次到鹿栏晴沙踩点、调研，最终决定到这里安营扎寨。试营业阶段，学冲浪、玩冲浪、体验冲浪的游客甚众，热情超出他的想象。

岱山在推广海洋运动上也是煞费苦心，推陈出新、"无中生有"，在鹿栏晴沙海滩推出"沙滩高尔夫"。沙滩+高尔夫，怎么玩？这项运动的规则就是由岱山创编的，目前已从岱山试点到全国推广。不仅是一项海洋运动休闲项目，这里还举办过多届中国·岱山岛沙滩高尔夫挑战赛。

岱山海岬半程马拉松、海岛公园徒步大会等海洋特色赛事，岱东郊野公园都是重要的赛段。初步统计，2023年前7个月直接参加体育赛事人次超3万，间接参与人次近10万，营造出海洋运动岛的浓厚氛围，也拉动了体育旅游消费。

秀山岛 稀巴烂泥糊出"金墙壁"

秀山岛与岱山岛距离不算远，面积比澳门略小。以前从岱山本岛必须坐船才能抵达，现在两个岛之间也通了跨海大桥，一刻钟的车程。

秀山岛最出名的是一湾"烂泥"——秀山岛西北侧有一大片千亩平缓的海涂，细腻如粉——经权威机构检测，海涂海泥中富含多种对人体有益的维生素、氨基酸、矿物质、微量元素，具有保健、护肤、杀菌等功效。

稀巴烂泥也是宝，秀山岛把稀泥糊出了"金墙壁"。早在20世纪初，秀山岛开发建设中国首个滑泥主题公园。用滑泥的专业工具"踏槽"。滑行在海涂海泥中，这原本是渔民作业的工具与劳作状态，现在则成为一项接地气、原汁原味的海洋休闲运动，吸引上海、杭州白领们参与体验。12年前，这里是浙江省首届海洋运动会的主赛场之一，这项运动也成为了"主菜"，并迅速成为网红。

现在，这座原来古朴原始的滑泥主题公园，早已旧貌换新颜。除海涂上的滑泥运动区，又新建泥疗休闲度假区，同时可以体验滑泥的野趣、赶海的乐趣，还能欣赏滑泥表演。在这座滑泥主题公园经常会碰到一尊尊"泥菩萨"——浑身都被海泥给糊满了，仍露出一张灿烂的笑脸——滑泥运动受到越来越多崇尚自然、向往大海、追求健康的人群的喜爱。

记者了解到，近二十年来秀山岛每年都会举办海泥狂欢季，宣传、推广滑泥运动，让人们充分领略海洋运动的魅力。而在这座主题公园的管理者沈志震眼里，这么多年来的变化则是由"泥"变"金"。这次主题公园改造升级后，2023年6月下旬开园当日接待的游客就超过2000人。

中国滑泥主题公园在原来"泥"的基础上，又增加"水"的元素，"拖泥带水"让体验项目更加多元化，满足不同年龄段人群需求。与此同时，暑期开启了夜市模式，丰富夜生活、推动夜经济，滑泥研学、滑泥团建等主题套餐也在不断完善之中。

（黄维 陈艳平）

延伸阅读

岱山岛一岛"双中心"，体育绘出幸福圈

夜幕降临，岱山县全民健身中心灯火通明，游泳池里人头攒动，羽毛球场、轮滑场、篮球场也是挤挤挨挨。而相邻的岱山县体育馆，则主要以承接各类赛事、展会为主。两者优势互补、资源整合。

县文广旅体局副局长徐飞波介绍，海岛县的居民、渔民相比于其他地区，因特殊的环境对体育文化生活的需求更加迫切，因此党委政府加大供给侧改革，提供更多、更优质公共服务，如羽毛球馆每周一到周五白天时间段，实行免费开放。"现在还是休渔期，来锻炼的渔民很多，反响也不错"。

值得期待的是，除已经建成的岱山县体育馆、县全民健身中心外，这个人口仅有二十余万的海岛县，一座总面积达5.4万平方米、投资6个亿的双峰新城体育中心已经动工建设。定位是面向老百姓提供更优质、更品质的体育公共服务，除篮球、羽毛球等大众运动场地外，还开设滑冰、击剑、攀岩、蹦床等时尚运动。建成后，实行低免收费开放，辐射人群超过10万。

近年来岱山县的经济社会发展迅猛，2022年GDP增长达18%。其中，鱼山绿色石化堪称支柱产业，这一基地拥有来自全国各地的创业者4万人以上。徐飞波表示，一岛双"中心"既能提升城市品质，又能满足民众多元需求，同时为岱山的经济社会发展与人才引进安居乐业之间，搭建一座"双向奔赴"的桥梁。

（黄维　陈艳平）

运动振兴乡村

党的十九大后，"乡村振兴"成为国家战略并全面实施。一场振兴战役正在打响，一幅宏伟蓝图正在擘画。2023年6月，国家十二部门印发了《关于推进体育助力乡村振兴工作的指导意见》，协力推进体育助力乡村振兴工作。

运动振兴乡村、体育改变生活，这种力量不仅让乡村"动"起来，更让乡村"乐"起来、"富"起来、"和"起来。

十多年前，习近平同志在浙江提出"绿水青山就是金山银山"的两山理念，部署推动"千村示范、万村整治"工程，体育作为一种独特的载体，把运动休闲作为"绿水青山"与"金山银山"之间的重要转换器，并从中找到了建设美丽乡村的契机与突破口，因地制宜倡导体育与文化、旅游、教育、农业、生态等深度融合，充分发挥乡村资源、生态和体育优势，大力发展人民群众运动休闲项目，带动餐饮民宿、健康养生、文化体验等产业。

与此同时，体育文化主动由"上浮"变为"下沉"，丰富多彩的赛事活动让乡村"动起来""乐起来""富起来"，还积极参与乡村基层治理，成为促进乡风文明、社会和谐的重要手段。

安吉县：从"乡村振兴"到"共同富裕"

我们要坚持人与自然和谐共生，牢固树立和切实践行绿水青山就是金山银山的理念，动员全社会力量推进生态文明建设，共建美丽中国，让人民群众在绿水青山中共享自然之美、生命之美、生活之美，走出一条生产发展、生活富裕、生态良好的文明发展道路。

——摘自2018年习近平总书记在纪念马克思诞辰200周年大会上的讲话

安吉，大画家吴昌硕的故乡，坐拥"中国大竹海"，是黄浦江的源头。21世纪前，或许这些是这座浙北小城最响亮的名片。

安且吉兮。而今，浙北小城安吉，正以写实的手法，呈现这样一幅山水墨宝。

在很多读者的印象中，安吉名不见经传，"在浙江的县（市、区）中太普通不过了"，面积、人口、经济等都处于中游。然而，就在这十多年间，安吉的绿色崛起，令人刮目相看、为之振奋。

2005年8月15日，时任浙江省委书记的习近平同志在调研安吉余村时，提出"绿水青山就是金山银山"的理念。十多年来，深入践行、全面贯彻，这已经成为安吉经济、生态、社会文明转型的重要引擎。运动休闲则成为绿水青山变为金山银山的重要转化器。

如今，山还是那座山，水还是那汪水。安吉，早已不是那个"巴山恶水"（八山二水）的安吉，而是"金满银溢"。

安吉余村：转型发展，引领乡村振兴

浙江多山，七山二水一分田。安吉尤甚，县域面积1886平方公里，当地人戏称"巴山恶水"（八山二水）。曾经，连绵群山意味着少耕地、饿肚子，意味着伐木换钱、劈山开矿。

天荒坪镇余村，二十年前就是这样的场景：余村三面环山，去一趟县城都不容易。不过，村民们的小日子过得不错。余村"靠山吃山"，开矿山卖石头是最重要的"致富经"。但这"经"不好念，一把血、一把泪。开矿山、办水泥厂那些年，炮声隆隆、尘土飞扬，整个村庄被石粉尘弥漫着，溪沟里流的是"牛奶水"。更令人不寒而栗的是，发生过多起死亡或伤残事故，还有的因吸入粉尘导致肺矽病。

余村吃的是"断子绝孙饭啊"！21世纪初，果断关停矿山、水泥厂，阵痛很快来了。村集体收入从几百万元，断崖式下跌到不足10万元。2005年8月15日，习近平同志到余村视察调研，留下了这样的一段深刻影响余村命运，也深刻影响中国生态文明进程的话："我们过去讲既要绿水青山，又要金山银山，实际上绿水青山就是金山银山。"

余村的村民胡加兴听懂了。之前，他是村里石矿厂的拖拉机手。矿厂停办后，正为找不到出路发愁。自从矿山停办后，"牛奶水"不见了，溪流清澈见底。这给了胡加兴启发，他向村里申请承包河道，2007年建成安吉县第一个山涧漂流景区——荷花山漂流。这十多年来，夫妻俩"靠水吃水"，现在，90后的儿子、儿媳也在帮忙。暑期高峰期，最多时要请四五十个帮工。村道上，也经常因为漂流客太多出现堵车现象。

"有一千五百多人来体验，开门就红。到了旺季，最多时接待三四千人。全年接待的漂流客至少七八万人次。"2021年五一假期，荷花山漂流如期开张，胡加兴显得特别自豪。

从"卖石头"到"卖风景"，尝到甜头的不仅仅是胡加兴。同样是2005年，潘春林、谢春花夫妇开出了余村第一家农家乐。当时，很多村民怀疑"春林山庄"开不久。没想到的是，现在一桌难订、一床难求。村委会委员阮杰介绍，现在余村开办的农家乐有几十家，同时可以接待数千游客，床位也有千余张。

眼下，余村正在建设"两山绿道"。沿着山地，已建成七八公里的环形步道。除了让村民茶余饭后有休闲、健身的去处，也吸引着来自全国各地的游客体验、感受余村的"幸福大道"。据悉，现在每天来安吉余村学习、参观、调研的团队多达七八十批次。

"余村人'靠山吃山、靠水吃水'，以前是破坏生态，向山要矿，现在是保护生态，由绿生金。"该村党支部原书记鲍新民感叹,咬定青山才有"金山银山"。他见证了余村的绿色发展之路,生态环境变好,产业不断做大,百姓更加安居乐业。2020年,余村人均收入55680元,村集体经济总收入达到724万元。

运动休闲:抱团发展,推进共同富裕

绿色健康发展、运动休闲引领,余村只是安吉"第一个吃螃蟹"者。十多年间,在"绿水青山就是金山银山"理念指引下,源源不断涌现追随者、超越者。

与余村一样,安吉北大门天子湖镇,也闯出了一条运动振兴乡村的新路。天子湖镇在安吉人眼里就是"北大荒",交通闭塞、经济落后。

就是这个偏僻的山乡,却有投资商愿意斥资上亿元,在受荣村建成"荣耀天空之城"。这是一个运动休闲项目,依山傍水,建起以摩托飞艇、水上滑梯、丛林穿越、凌空漫步等为主题的运动休闲乐园,还从青岛运来几百吨沙子打造出人造阳光沙滩。这不,种下梧桐树迎来金凤凰,光是2021年五一假期就有六千游客涌来,成为安吉又一网红打卡地。

"荣耀天空之城"最具亮点、特色,也是人气最旺的项目——玻璃滑道,它的谋划与诞生、运营,孕育着"共同富裕"的基因。四年前,天子湖镇在反复论证、酝酿之后,决定自筹资金建设这条玻璃滑道。全镇20个行政村,以"众筹"的方式筹资2000万元,抱团成立公司,每个村占股2%至5%不等。又在这些村民中,推选产生7名公司董事,成立董事会,并聘请职业经理人进行建设、运营。

受荣村党支部书记李孝松介绍,果然立竿见影。不仅聚集了人气,还撬动了招商引资。"天空荣耀之城"项目就是在这个基础上引进、落户的。一条玻璃滑道给村里带来革命性变化:村集体经营性收入从2019年的3万元升至2020年的80万元,2021年超过100万元。

一百多位村民,在"家门口"找到了就业岗位。村民陆续开办了农家乐、民宿。叶金枝家就是其中之一。这位朴实的农妇介绍,"生意越来越好了,旺季的时候根本忙不过来。农家乐又扩建了,还请了帮工。"受荣村有6家民宿、20多家农家乐在建或运营。

山川乡,顾名思义有山有水。这是安吉最南面的乡镇,重峦叠嶂、连绵不绝。与天子湖镇一样,这两年也在致力于念好"山水经"。利用山地资源,"云上草原"景区已经闻名遐迩,夏滑草、冬滑雪,荡个高空秋千、体验玻璃栈道,这里已经成为上海、杭州、南京、苏州都市白领的一种生活方式。

高山上的热闹让山脚下的大里村坐不住了。大里村四周环山,形成天然的"聚宝

盆"。可惜,"盆"里不仅没宝,还是个"空心村"。体育教师出身的应忠东,2013年当选为村党支部书记,当时的村集体经济收入几乎为零。

大里村只有千余人口,占地8.39平方公里。绝大多数是山地、丘陵。怎样才能致富?靠山吃山。从"云上草原"景区得到启发,大里村也走上了运动休闲之路。引进了一家军事教育实践基地,军事研学、旅游、体验、拓展与培训深度融合。这个项目,既是青少年成长的必修课,也是年轻人团建的热门课。记者采访时,基地正一派"炮火连天""硝烟弥漫"的场景,多个单位、多所学校正在开展户外拓展训练等。"特别累,但是通过这样的形式,能够更好地理解团队的意义。"来自安徽某空调企业的员工王婷婷穿着迷彩服,谈了自己的感受。

游客引进来,资源沉下来,百姓富起来。大里村集体收入,2018年已达到260万元,2020年突破372万元,2021年超过500万元;原来的空心村,喜迎年轻人回乡创业,纷纷开办民宿、农家乐,人均收入达到4.5万元。

应忠东又在不断探索。"天上体验滑翔伞,地上体验全地形车,水里体验漂流,打造水陆空立体的运动休闲基地,让'聚宝盆'名副其实。"应忠东充满了信心。

两山绿道:绿色发展,彰显和谐之美

共同富裕,不仅是物质富裕,更要精神富有。体育是物质的,更是精神的。体育是现代的人本之育。安吉的一条"两山绿道",突出绿色发展,彰显和谐之美。

安吉是"绿水青山就是金山银山"理念的诞生地,绿色发展中让老百姓有更多获得感是应有之义。在公路旁配建骑行道、沿着山体建设步道等等,在安吉成为一种时尚。全县的健身、骑行、登山步道,统一命名为"两山绿道"。其中,从天荒坪镇余村到龙溪乡黄杜村的"主干道",全长101.7公里,串联起灵峰街道、递铺街道等多个镇乡(街道),并已经开始造福老百姓。全县规划的两山绿道,总里程超过500公里。

灵峰街道灵溪公园是"两山绿道"的其中一段。满目草木葱茏,绿道就像一条玉带镶嵌其中。该县文广旅体局副局长何海军介绍,夜幕降临后这里会成为一座庞大的、天然的运动场,尤其是健步走的人群多达上千人。灵溪公园的健身旅游,不仅"颜值"高,"智商"也高。前来健身的人群,只要刷脸、扫码登录就能显示跑程多少、用时多少、卡路里消耗多少,甚至还能显示积分排名,通过5G应用、物联网监控、大数据科技等,实现绿道的数字化、智慧化管理。在户外健身区,储物柜也变得更"聪明",实现健身器材的共享,例如打篮球、打羽毛球,不需要带着装备出门,扫码就能租赁或免费共享。何海军介绍,全民健身的数字化、场景化改革还在不断升级之中,将来还可望通过物联网实现运动时的瞬间照片、视频的拍摄与录制,以及线上赛事的组织。

"两山绿道"不仅给安吉百姓带来品质生活享受,还成为促进社会和谐、城乡融合的重要载体。位于城郊接合部的递铺街道长乐社区,二十年前还只能算城郊。这个社区本地人口只有2800人,而新长乐人多达一万多。

在城镇化过程中,土地资源越来越宝贵。目前,只有占地1200多亩的丘陵还可以开发、利用。社区党总支书记温兴元与班子商量,决定建造"营盘山体育公园"。五年前提出这个设想时,反对的声音不少。体育公园既不能做摆设,又不会来钱,干什么用?

坚持把蓝图变为现实。根据低丘缓坡的地理特征,花了一个多亿打造成一处敞开大门、面向大众的山地体育公园,健身步道有三四公里,还把几片五人制足球场、大片户外健身器材区,拆装式泳池也搬进了公园。通过招商引资,汽车摩托车运动、极限运动、卡丁车运动也进驻到这里。与浒溪公园一样,一到晚上或周末就会人头攒动。温兴元说,这座体育公园就是全县人民的健身乐园——无论是本地人,还是新安吉人,都能享受到高品质的公共体育服务。全民健身增强体质的同时,营盘山公园还是呈现充满生机、促进和谐的阵地,他满含深情地说:"营盘山体育公园是长乐社区'村强、民富、景美、人和'最集中的体现。"

绿色转化:赋能发展,推动产业转型

温兴元调侃,"无心插柳柳成荫"。原本只是考虑给百姓创造更高品质享受的营盘山体育公园,通过引进第三方运营机构,实现游泳馆、汽摩训练基地的创收。"以往,社区的集体经济收入靠的是土地、房屋租金,现在多了门票收入分成,经济收入变'活'了。"

无独有偶。在距离安吉县城二十公里外的溪龙乡后河村,也开始做起"体育生意"。在离村口还有好几公里,路边就见到了为"后河体育馆"做宣传的广告牌。在乡下旮旯造体育馆,还是件新鲜事!

溪龙是有名的白茶之乡。春茶冒尖,全村老小都上山忙碌。忙上一个月,赚足一年钱,一年中大多时间,茶农是清闲的。后河村党支部书记余凯说,这正是兴建体育馆的缘由,"要让富起来的农民动起来"。

除了建成体育馆外,还有一座游泳馆,以及百姓健身房、羽毛球场、台球房等,场馆条件堪比县级全民健身中心。总投资1500万元,其中村集体资金占了将近一半。建成后,引进第三方公司管理运营。白天,择时段免费开放;晚上或周末实行低收费。体育消费在潜移默化中被培养,"2020年暑期,游泳馆开始试运行,赚了10万元。"余凯对小试牛刀的成果很满意。他透露,县里引进的"白茶小镇",即将落户后河村

附近,"这个项目投资几十个亿,建成后人气一定很旺,我们的体育馆、游泳馆不怕没生意。"

当然,更让余凯高兴的是由此带来的是乡风文明。村里先后组建起篮球、排球、柔力球、地掷球队,争相到县里、市里参加比赛。村里也有了承办安吉县、湖州市乡村体育节的实力,"作为后河村的村民,每个人都感到特别自豪",余凯说。

黄拥军也在动"体育大生意"脑筋。他是从湖州走出来的技巧世界冠军。退役后,出国开过餐馆、回国创办体操器械工厂,十多年前又在运动休闲业上找出路。他把目标锁定在离县城一刻钟车程的五峰山、燕栖湖一带。不是占地做"山大王",而是打造一座"五峰山运动村"。若干年过去,原先荒芜的柴山、用于灌溉的水库,都成了风景中的风景——集运动训练、健康养生、度假休闲为一体的五峰山运动村惊艳亮相。

"运动"是这座度假村落的主旋律。跳台滑雪国家青年集训队(杭州组)的运动员正在进行体能训练。"这是第一次,良好的训练条件与自然环境给我们留下了很深印象。"教练介绍。队员郑皓雨对此也有切身体会,她说以往的外地集训很枯燥,"三点一线"(训练、餐饮、住宿),在这里训练之余可以去体验攀岩、划桨板、参加户外拓展训练、走走登山步道,还能放放羊。

"我们的初衷就是提供休闲体育的深度体验,单一的运动项目留不住客人,多业态的综合体验项目,能够增强运动休闲的黏性。"五峰山运动村运营部经理方恺杰介绍,这里不仅可以体验攀岩、滑草、皮划艇、龙舟等休闲运动项目,还有总长13公里的登山徒步道,以及农事体验,如挖土豆、采摘茶叶等,"在运动中体验生活,在体验中获得健康"。

(黄维 康康)

余杭区鸬鸟镇：房车+露营的"美丽试水"

位于杭州市余杭区的鸬鸟镇是全区唯一没有工业区块的乡镇，旅游是当地的主要支柱产业。在践行"绿水青山就是金山银山"理念的过程中，当地深刻地意识到保护生态环境，就是保护区域发展的命脉。2015年，鸬鸟镇发布了余杭区乡镇范围内首部《美丽公约》。

在这份"美丽"的约定下，越来越多的体育+旅游的形态给当地注入了新的生机。鸬鸟镇"约"出了美丽乡村带来的"生态富裕"，也"约"出了宜居、宜业、宜游的美丽蓝图，"约"出了幸福鸬鸟的新篇章。

在镇里，诞生了全国首批500个示范房车营地之一，同时也是杭州市的首个生态房车露营公园。

房车 露营 新添"字号"变闲置为宝

杭州鸬鸟房车露营公园紧邻杭长高速的中间地带，这里距上海、南京、杭州及周边城市都只有1至2小时的车程，每到节假日都会有来自各地的游客慕名前来。"碰上旅游旺季，提前两周都不一定能预订到房车及住宿。"营地投资人、负责人许达锋说。

2016年10月，许达锋正式接过了这片场地的经营权。他介绍，原来这个场地是一个拖欠租金多年的苗木基地，经过几番转租却因为经营不善成了村里的头疼地和闲置地。

在余杭区文化和广电旅游体育局邀请下，超前引入了在当时还没多少人了解的"房车"概念。许达锋说："杭州周边县市和余杭区的其他乡镇我都去看过，并且拍摄了大量的航拍视频和照片，最后还是选在了风景优美、没有工业区块的鸬鸟镇，这里的生态和房车旅游特别搭。"

双方一拍即合，房车营地的进驻很快到了工商注册环节。不过当时在市工商局的字号库分类里，还没有"房车"这个字号。"名称登记科的工作人员说只有'汽车'字号，问我们要不就注册'汽车'字号。虽然汽车和房车就差了一个字，但是概念完全不同。"许达锋说，"后来工作人员特地请我们去给他们的领导介绍房车这一概念，最终'房车'这一字号被加进了名称字号登记库，我们也顺利拿到了杭州地区的第一本房车类目的营业执照，顺利开启了房车这个新兴事业。"

鸬鸟房车露营公园项目总投入3000万元，一期已经完成投入1000万元，两年下来，到2018年时，营地的房车服务已经具备了房车接待露营、租赁、跨省租赁中介、销售代理等功能。除了11台可供游客体验的房车，还有各种各样的露营帐篷，有搭在树顶的，有架空在1.2米高的，还有搭草坪上的。大大小小的帐篷共计一百多顶，最多能同时容纳300人左右，很受亲子、企业团建等的欢迎。

体验　自驾　在路上就有我的家

在国外，房车旅游的形式早已流行多年。随着我国经济社会的发展和交通道路设施的改善提升，越来越多人加入到了这一行列。

据相关数据显示，2022年前三季游客591万人次，收入96亿元。房车人流量1.6万人次，营收250万元。房车露营产业作为体育旅游行业的重要分支，占比也将越来越大。

在杭州鸬鸟房车露营公园里，也有多种方式供自驾游的旅客选择。"体验型"的游客通常会选择租一辆房车，车里的床、卫生间、炉灶、空调、沙发等都具备。"除了没有洗衣机，家里该有的都有了。"许达锋说，这一类的比较适合亲子、情侣，"如果游客想要租赁，我们会根据他们的目的地、路程远近和驾驶员性别等为他们推荐适合的房车。"

此外，也有游客会开着自己的房车来营地过夜。"这些游客有些是通过他们当地的房车租赁公司租车过来的，也有些是车友俱乐部的组队游。"当房车进驻营地以后，工作人员会引导将房车停入设计好的房车小院，游客可以在院子里烧烤、休闲。不想野炊也没关系，在营地里也配备了餐厅、咖啡吧、投影仪、卡拉OK等。

从河北一路南下的崔大哥给许达锋留下了深刻印象，一个人带着一条宠物狗，开着自己的房车风尘仆仆而来，鸬鸟镇是他去三亚路上的歇脚点。"崔大哥到的时候已是深夜，当时只是说要住一晚，我们给他接上了水电后本来没有多在意，不过第二天我在营地里转悠的时候发现他很早就起来,支起了房车的遮阳棚,一个人喝着茶,说想要早点起来好好呼吸下新鲜空气。"

一番攀谈下来,两人便熟络了。崔大哥的"只住一晚"变成整整六天——今天去径山古道登山徒步,明天去品尝径山茶,后天在营地里的蔬菜基地现摘现吃……"这里的风景和服务真是太好了,待得我不想走了,明年我要带着我的老婆孩子和爸妈一起来。"崔大哥说。

半路 终点 "大迁徙"促成的小商圈

每到冬天都会有一个有趣的现象,那就是如同大雁南飞一般,不少长江以北的人会卸下一年的重担,去往南方度假。

据不完全统计,北方拥有房车的用户已经突破 5 万辆。而冬天的鸬鸟镇也因此热闹了起来,近期每天都会有 2~3 辆自驾来的房车在这过夜。

"很多北方来的游客喜欢结伴出行,以前去三亚的游客比较多,从去年开始,不少人也喜欢往云南西双版纳的方向去。"鸬鸟房车露营公园因为是杭州及周边地区唯一生态、环境优美,又配套齐全能接待自驾房车的营地,成了他们迁徙途中的必经驿站。"自驾旅游嘛,不一定只在意旅途的终点,中途遇到喜欢的地方就多留几天。"旅客张致恒说。

为了给游客更好的体验,体育休闲项目在营地里成了不可或缺的"B 角",绿道骑行、射箭、泥地越野摩托车、遥控四驱赛车、儿童滑步车等都给营地增加了不少野趣。来体验的人多了,营地周围也开起了越来越多的农家乐和小餐厅。

如今,鸬鸟镇已建成山沟沟国家 AAAA 级景区、"遇见鸬鸟"国家 AAA 级全域景区,兴办农家乐近 200 家、精品民宿 10 家,拥有床位 4000 余个。每年吸引游客 100 多万人次,实现旅游收入超 3 亿元。鸬鸟镇文体服务中心主任钟蓝表示:"房车这一体育休闲新业态在当地起到了很好的带头示范作用。"

就如同好风景永远在路上,许达锋又把发展眼光瞄向了更远的地方。在杭黄高铁桐庐站的颐居蔚蓝房车度假营地正是许达锋走出去的第二个房车营地,已于 2018 年春节正式对外营业。接下来,与"扶贫村"淳安县下姜村、淳安县文昌镇,以及和面朝大海的舟山市等都在洽谈中。

为了更好地品牌化运作,许达锋还在筹划注册自己的连锁经营品牌"蔚蓝房车"。

(华雨晨 王品燚)

萧山区戴村镇：从山野乐趣到山野经济

通过自行车赛领略自然风光，通过划艇运动享受山野运动，通过越野跑感受人与自然的和谐共生……走进杭州市萧山区戴村镇，总能给人们带来无尽的感官享受。

自2018年年初，戴村国家级健身步道建成以来，前来体验这条高颜值步道的游客络绎不绝。"每年的游客较前一年都会有所增长。"镇文化站站长沈镇表示，接下来戴村还要开展图灵运动会、山地马拉松赛等，进一步将"体育+"的理念广为传播。

移步换景 多种"赛道"任君选

戴村的80公里登山健身步道蜿蜒在云石群山之中，穿越石牛山森林公园，翻过萧山最高峰船坞山，跨过萧山海拔最高水库响天岭水库，跑过萧山海拔最高的行政村骆家舍，沿途还经过天狮飞瀑、石牛卧港、亿年火山遗址和千年古刹云门寺等知名景点。

"我们不是第一次来走这条健身步道了。"在起点三清园，从诸暨自驾来的游客表示，作为新晋驴友，他们每隔几个月就会来戴村徒步一次。"首先，是方便，我们过来只要半个多小时就够了，而且配套设施齐全，可以放肆畅玩；其次，赛道多样、路线丰富，适合我们这样的新手。"游客陈辉说。

如此长的一条步道，走完全程至少整整一天的时间。"按照当地人的脚程，早上6点出发，也得天黑才能下山。"沈镇介绍。

为丰富健身步道的多元性以及满足各个层级徒步爱好者的需求，戴村健身步道设计了木质栈道、砂石步道、落叶土路等五六种赛道，并在步道上设计了下撤点，使得

整条线路呈荷叶状。"3公里、5公里、20公里、40公里或者全程,每隔一段路就有下撤点,能走多远全凭游客自主选择。"

除此之外,沿途还设置了休息站、露营区、接待站、民宿、农家乐等多元化的休闲娱乐场所,可以消解游客的疲乏。"还经常会有一些赛事。在我看来更是一次次亲近自然、感受乡村魅力的旅行。"陈辉如是说。

从靠山吃山 到发展"体育经济"

除了健身步道,周围的景色也很不错。登山步道起点处,超万平方米的三清园大草坪视野开阔、空气清新,亲子系列是主角,支起帐篷、铺上餐垫,大人们玩扑克、打羽毛球,小朋友奔跑玩耍。还有考验技术的狮山九曲十八盘从山脚到山顶,十八个大转弯绝对检验驾驶技术,或者可以选择徒步而上感受自然风光。

"景点将戴村的体育经济串联起来。"沈镇解释,由于体验项目越来越丰富,来此的游客流连忘返,直接催生民宿的发展。"以前戴村的村民靠山吃山,经济来源很有限。健身步道建设起来之后,农家乐像雨后春笋一样冒出来。"

刚开始,良莠不齐的农家乐确实影响了游客的兴致。"没有统一的规范标准,有些人打起精明的'小算盘'。为健康长远地发展,镇里成立工作专班解决这一问题。"沈镇说,单一的农家乐已经不能满足游客的需求,因此精品民宿应运而生。

云石星空是戴村这儿的"网红"民宿。难以置信的是,设计美观的民宿曾是一家塑料厂。"前几年生意比较难做,说实话塑料厂也是污染型企业,我就想到了转型。"云石星空民宿老板姜建云见证了戴村民宿从无到有、从有到优的过程。"刚开始信心不足,不过政府很重视支持,我也到台湾等地进行考察,现在更加坚定了做大做强的决心。"每到周末、节假日,云石星空总是"一床难求"。

"大家更注重品质生活。在运动了一天后,愿意花钱去享受更好的服务,也愿意挑选更有品位的民宿。"姜建云表示,抓住驴友的这一心理,在布局、设计上花费了不少心思。

如今在戴村,有姜建云这样想法的民宿老板越来越多。当然,思想上的转变离不开戴村大环境的改变。2018年以来,戴村发挥自然优势,对户外休闲运动的探索与尝试不断升级。三清园、"七都溪"网红游泳池、野生杜鹃花等一大批现象级旅游产品让戴村的人文环境越来越好,当地的知名度和美誉度得到了极大提升。

"特别是国家级登山步道,省级特色小镇'郊野运动小镇'的成功创建,让戴村名声大噪,游客越来越多,态势越来越好,民宿产业向高水平发展也成了村民开阔眼界后的应势之变。"沈镇说。

体育发力　推动产业集聚转型

2018年4月，在斯迈夫全球体育产业大会暨国际体育消费展上，戴村郊野运动小镇作为省内7个运动休闲小镇之一参展。这个在杭州南部偏隅一角的戴村，如何走出一条别具一格的乡村振兴之路？答案是依托山水特色，推动产业转型。

沈镇介绍，戴村处于杭州"半小时交通圈"内，体育产业的发展势在必行。"我们设计的郊野运动小镇充分利用了'近而不黏，远而不遥'的区位优势，并利用戴村独特的山水资源，让游客在四季均能与自然亲密接触。"当下，戴村郊野运动小镇已成为一个集"吃住行、游购娱、运健学"为一体的特色小镇。

栽好梧桐树，自有凤来栖。随着运动基础设施不断完善，戴村的赛事活动精彩纷呈，赛事品牌也逐渐形成——山地马拉松赛、山地越野赛、山地自行车赛，以及三清茶文化节、登高节、水上嘉年华等体育赛事，吸引大量体育爱好者参与。与之相伴的是各类体育组织的逐渐完备，如登山、球类等协会深受老百姓的欢迎。

大型体育赛事如火如荼，带动运动休闲产业的发展。目前戴村已有晟泰休闲、彩林户外等为代表的6家从事体育运动的新兴企业成功落户，分别从事户外折叠式家具、帐篷、旅游休闲用品、室内外健身器材等户外休闲用品的生产，为该镇打造运动休闲小镇提供坚实的产业支撑。

此外，戴村更着眼于未来，希望能以运动元素带动产业发展。"体育+文化""体育+旅游"是戴村接下来的着力点。"希望戴村未来能够发展得更好，'戴村人'这个标识让每个人都感到自豪。"这是沈镇的希冀。

（华雨晨　王品焱）

富阳区东洲村：以篮球为媒，打开乡村发展新蓝图

在安徽滁州举行的全国美丽乡村篮球大赛上，杭州富阳区东洲村的篮球队作为浙江省唯一一支参赛球队，一路过关斩将，取得亚军。

对于东洲村来说，这或许应归于村民对篮球运动的热爱与热情的参与——作为当地有名的"篮球村"，村民人人都爱看球，家家都能拉出能打球的人。

一场乡村篮球赛，打出赛场上的激情

说起这场全国美丽乡村篮球赛，参加比赛的东洲村篮球队的队员可有话说了。"我们算是'乱拳打死老师傅'吧。毕竟决赛对阵的广东省毛织第一村队有不少是职业球员，相比我们这些'半吊子'，他们在身高、技术方面都有优势。"村篮球队领队郑倍强说，"比分一直咬得很紧，直到加时赛中，才因体力的问题落败。"

东洲村的篮球实力，村党委书记谢国金将之归功于厚重的篮球风气。四五十年前，东洲村就组建了篮球队，每逢节假日，邀请外地的球队进行赛事活动，增添节日的气氛。回忆起当时的情景，谢国金介绍球场是村民拿沙土铺成的，篮筐、篮板、篮球架也是用竹子、木板搭起来的。虽然简陋，却承载着东洲村篮球起步时的梦想。

"队员一代接着一代，老队员退下来后，年轻队员就能立马接上。现在已经是第五代篮球队员了。"谢国金说起这段历史颇为自豪。当时东洲村的集体经济并不发达，但仍会从有限的资金里拿出一部分作为篮球发展基金。"这是村民一致通过的一项决议。"

由许家埭、前华、华士沙、湖上沙四个自然村组成的东洲村，各个自然村都建有

篮球场,前华自然村还建起了室内篮球馆。"24小时免费开放,只要想来打球,一定能找到队友和场地。"谢国金自信地说。

一群热心村,共同铸就的赛场辉煌

"我们是连续三届富阳百村篮球赛的冠军队伍。"谢国金提起篮球就有些激动。他表示,除上场的选手敢于拼搏,场下的啦啦队也是重要的力量。

东洲村有5000人口,其中就有3000人以上喜欢打篮球;一年要在村里的球场举办七八十场篮球赛;举办球赛时,至少有近千人来观看。陈国庆是东洲村村民,平时做点生意,小康之家。"不不不,我不上场的。"当被问到他与篮球的故事时,否认却成了他的第一反应,"我是村里篮球队的头号粉丝,主管后勤工作,不上场是因为'自家人知道自家事',不想拖村里的后腿罢了。"他表示,如果不是篮球,他的生活可能会略显单调,但正因为有篮球的调剂,让他的生活充满了激情。

最疯狂的一次应该就是联合村里几十人,驱车赶到安徽滁州去看村里队伍的比赛。说起那次经历,陈国庆还有些意犹未尽。5个小时的车程,20多辆私家车,近百人自发组成了啦啦队。陈国庆说,每逢有篮球赛事,篮球场附近就会涌来不少车辆,已经成为当地独特的一道风景,"少说也有几百辆。观赛者为能找到一个停车位,常常会提前几个小时到场。"

除了精神方面的支持之外,村民也舍得为篮球花钱:球迷蔡森飞自费掏钱买了200余件红色球迷服给东洲村球迷;经商为主业的许明峰曾经也是村篮球队队员,如今已经'退居二线',仍经常提供赞助资金……"热心人们"直言不需要回报。他们说,村里篮球水平不断上升,就是最大的骄傲。

一种美好传承,希冀更敞亮的未来

"一些人一天到晚就知道打麻将、打扑克,好逸恶劳。"谢国金说,现在拖家带口去球场打球、看球却成了新时尚,"也不是为了争输赢,就是锻炼身体,图个乐。"

打球会有肢体碰撞,冲突自然避免不了。在东洲村的球场上,以前推搡、骂架并不少见。"我们重新制定了章程,任何队伍、个人打球必须遵守规定,否则会扣除保证金。"谢国金说,章程有厚厚一本,是大家长期以来共同努力、不断丰富的结果。"详细制定了每支球队的领队、队员、分管村干部等各岗位担责,非常详尽,连省篮协都给我们点赞。"潜移默化中,球场上越来越文明。

推广篮球方面,东洲村坚持的理念是"引进来"和"走出去"相结合。"让邻村也融入我们的篮球大家庭,同时让我们的队伍有更多机会出去打比赛,只有竞争,才能让队伍'永葆青春'"他说。

　　看着村篮球队伍的壮大、繁荣,谢国金很是欣慰。"东洲的篮球进程不会中断,只会不断向好的方面发展。"现在村里的孩子有点苗头的都会积极输送参与训练,谢国金期望若干年后,东洲村能拿下更多的篮球冠军,村子有更敞亮的未来。

(王品燚　华雨晨)

桐庐县富春江镇：运动休闲在富春江

位于杭州市桐庐县的富春江镇原来是一片黄土丘地。中华人民共和国成立初期，镇里也就192户共计799人。1958年，因兴建富春江水电站人口激增。次年7月置镇，并以电站命名称"富春江镇"。

当地人对于江水的热情当然不止步于建水电站，依托着一条江、一座山、一丘田，镇里进行重新规划，既保留了原汁原味的自然生态，还突出了体育元素，走出了一条投资创业在富春江，运动休闲在富春江的发展之路。

上海来的大巴直接开进村里

从桐庐县城出发，驱车15公里就能到达富春江芦茨的乡村慢生活体验区。2008年芦茨村还只是一个供过路车辆歇脚吃饭的地方，2012年9月已经成为全省首个乡村慢生活体验试点区以来，这里的变化令人感叹！

在进村的盘山公路旁边，是一条依山而建的健走和骑行绿道，让游客可以充分感受山野慢行的乐趣。每到假日，一辆辆满载着上海、杭州等地的游客大巴就会沿着这条盘山公路开进芦茨村，此时"画中阁"民宿的老板娘陈敏和丈夫早已收拾干净房间，准备好农家菜等候客人到来。人均80元左右的消费很受欢迎。

"2012年，村里开通了直达上海的班车，每天两班。民宿生意也更好了。我们家的民宿都预定到两个月以后啦！"陈敏笑得合不拢嘴。

陈敏家是芦茨村民宿蓬勃兴起的缩影。据了解，每年超过35万人次来此游玩住宿。民宿业绩做得好的话，一年能有40万元左右的利润，普通一点的也有20万元左右。

"如果只是吃个饭就走，有点像吃快餐，肚子是填饱了，但是缺乏幸福感。如果多待一会，让生活慢下来，这才能有更美好的感受。"富春江镇副镇长、富春江慢生活体验区管理委员会副主任张权说。因此，镇里开始实施"慢下来计划"，不仅要让游客留下来，还要让他们留得久。"慢生活计划"感受孕育出了不少骑行、垂钓、水上项目。

在芦茨村，最受欢迎的景点是一处天然泳池。水深约1.8米，水质清澈见底，夏天能游泳，冬天能划船，想走远一点就去岸边的田里摘菜，或者爬山健走，累了就在民宿歇息。几年下来，这里"游出"了一支几十人组成的冬泳队，还得到了知名企业冠名赞助。不管是表演、参赛，还是当泳池安全员，村民们都是一呼百应。

"当年村民还不太愿意把自己的家收拾出来做民宿。我们鼓励扶持起一批试点，同时提供一定资金补助，引导农户进行民宿改造提升。慢慢地有了现在的景象，很多体育休闲项目还是村民自己想出来的。"张权说。

目前，芦茨村有农户450户，其中超过三分之一的农户办了农家乐，全村能提供床位4000多张。2020年，芦茨村年收入1.36亿元，其中98%来自休闲旅游创收。绝大多数村民都是运动休闲旅游经济的实践者，也是受益者。

亲子课堂激活古老村落

慢生活体验区下辖芦茨村、茆坪村、石舍村3个行政村及东汉古迹严子陵钓台、白云源两个景区，总规划面积62平方公里。区内人口密度低，森林植被覆盖率高达90%，负氧离子含量丰富，含量平均超过10000个/立方米，是名副其实的天然氧吧。

"每个景区都有不同的配套体育元素，目的就是为了避免同质化竞争。增加更多的运动元素和文化创意，一方面让业态更加丰富，另一方面让游客的感受更加丰富，留下来的意愿也会更强烈。"张权介绍。

"规划引领"是张权最常提到的词语。镇里引导各村差异化发展，所以有了"风情芦茨、古韵茆坪、隐逸石舍"的说法：在芦茨村体验特色民宿；在茆坪村参观特色农艺；在石舍村走进文创小镇。

在这些山清水秀的小村庄里，依然保留着传统的渔耕文化，经过几年的发展，它慢慢成了课本里学不到的活教材。不仅如此，一些传统体育项目和文化特色也被保留下来，茆坪村里的女子板龙队就是其一。由当地能工巧匠制作的板龙，长达100多米，整支队伍由88人组成。这支女子板龙队，除为游客助兴外，也让游客参与互动。

与此同时，村里还开设了亲子课堂、采摘活动和夏令营等，供亲子前来体验。对于都市人来说,像一些中药材、农作物都可以通过边走边看、边找边玩的形式学习了解。类似踏青、单车成人礼等的项目不仅契合慢生活主题,无形中增进亲子感情。

以商引商实现文体跨界

2018年,全国公布第二批"全国特色小镇"名单,富春江镇成功列入。这是富春江镇继获评"国家级美丽宜居小镇"称号之后,又喜添的一项"国字号"大奖。

镇里根据不同村庄闲置房屋和山林资源的类型和条件,探索出了多种发展模式,出租(集中租赁)、出让、合作("村委会+农户"或"村委会+公司+农户")、联营(股份制)等"二次创业"经营管理模式,真正使农村闲置资源成为壮大集体经济、促进农民增收的新源泉。一些艺术家、创意先锋慕名而来,与当地百姓合作,融入民俗特色,打造创意文化集聚区;一些在外创业的大学生、投资者纷纷将眼光投向了这一产业,农家乐开始向中高端、个性化民宿发展,亮点频现;一些品牌企业和公司也纷纷投资民宿,进行区块开发或整村包装,打造特色民宿综合体项目,如外婆家餐饮集团、澳大利亚BAU建筑公司、风语筑等。

随着体验区业态建设的不断完善,慢生活体验区的集聚效应正在逐渐显现,让更多游客停得下、留得住、回得来。

(华雨晨 王品燚)

余姚市干溪村：有一支打出国门的乡村门球队

奖杯摆满了柜子，两本厚厚的相册里详细记载着每一场比赛的精彩瞬间。随便拿出一座奖杯、一张照片，章水兴都能讲出一个难忘的故事。章水兴，余姚市陆埠镇干溪村门球队发起者。

一支村级门球队，队员都是村民，有的做些小生意，有的在工厂里打工。小小的门球，不仅成为他们的爱好，更带领他们走出了国门。

1997年，在一位老干部启发下，干溪村成立了门球队。"大多数门球队队员都是老年人，而我们却是老中青都齐全。"

干溪村青年门球队成立于2000年。队员平均年龄40岁，平常都有工作，但十余年来一直坚持从事这项运动。"门球真的挺好玩的"，队员徐国华说，"这项运动要比反应、比策略，还要比团队精神。如果入门了，肯定会很喜欢。"徐国华说，球队成立时，器材是自己掏钱买的，出去比赛，经费不够，自己掏钱补足，最多的一次每人掏了1500元。"我参加门球队时，只有三十多岁，很多人说'年纪这么轻，打什么门球，这是老年人才玩的运动。'"徐国华对此很是感慨。不过，这一切在他们打出名堂后得到了改变。

2002年，在当地一家企业赞助下，干溪村门球队首次远征山东，参加全国企业门球赛，夺得团体第4名。虽然取得了好成绩，但也看到了差距。回来后，他们苦练基本功，经过严格训练，技战术水平明显进步，在全国比赛中的成绩越来越好。2005年，干溪村门球队获得全国锦标赛第2名。

2009年，干溪村门球队代表宁波征战第四届全国体育大会，也是参赛队伍中唯一的农民门球队，队员们特别自豪。2000年首届全国体育大会在宁波举办时，他们还是宁波队的陪练，如今成了赛场上的主角。

干溪村村支书章建奇介绍，组建门球队的初衷是倡导健康的生活方式，没想到一打打出精神气，不少人还骑着摩托车赶来打球，还有的天刚亮就往球场赶。"村民们通过打球，不仅思想上发生了转变，也变得更为团结。"

2010年，地处山区的干溪村，精打细算用8万元资金建起第一片人造草坪门球场。"目前，村里有三片门球场，有沙地、有人造草皮、有天然草皮。"门球是最热门的运动，连隔壁村村民都赶过来参与。

球队刚成立时，干溪村就立下目标：冲出亚洲。这个目标是他们一步一步前进的动力。2016年，干溪村门球队走出国门，参加泰国国际门球锦标赛。中国、瑞士、印度尼西亚等11个国家和地区的64支门球队参与角逐，干溪村门球队脱颖而出，夺得冠军终于梦想成真。

一支乡村门球队，何以能有如此强大的实力？时任余姚市门球协会主席马炳良认为，精气神很重要，所有队员利用早、晚时间训练，天天坚持，基本功扎实，所以涌现了一批素质良好的骨干队员。

2006年，干溪村被评为宁波市首批体育特色村之一。门球无疑是一张名片。球队不仅自己打球，还积极参与对外交流活动。

余姚市地税一分局与干溪村结对，经常开展互访活动。干溪村门球队的团队精神感染了他们。地税一分局在他们的影响下，也分别成立了男、女门球队，请农民当教练。现在，双方经常交手。该局一位姓顾的干部说："从干溪村农民那里'引进'门球项目，我们经常切磋，活跃了气氛，人际关系也更加和谐融洽。"文明共建，相得益彰。

在干溪村，除了门球这块金字招牌，各类体育活动开展也颇有特色。

总投资1000万元集文体活动中心、欢乐大舞台、道德讲堂等于一体的干溪村文化礼堂，建筑面积5000平方米，成为该村的标志建筑和核心区块。除此之外，还有一个占地5.6亩的文化休闲公园，沿溪建设的1公里健身步道，都是村民休闲娱乐的场所。

2018年，干溪村还承办了宁波登山大会——干溪站。登山路线是从干溪村出发，沿着干岗山古道到里岗村再返回，沿线不仅自然风景优美，而且人文景观荟萃。

尝到体育甜头的干溪村积极培育乡村慢生活方式，在彰显村落特色上下功夫，以更好地提升村民的获得感和幸福指数，努力建设一个更加宜居、宜业、宜游、美丽、富裕、和谐的新干溪。

（张莺　马超）

宁海县双林村：一条登山步道的富民之"道"

宁海有这样一个地方：藏于群山之中，绿荫照溪，隐藏着一幢幢小别墅，宛如世外桃源。这里是桥头胡街道的双林村。

民居沿溪而建，店铺招牌整齐划一，红底黄字写着"双林农居"和编号，极为醒目。"双林农居"是村里民宿统一打出的品牌。如今，已成为双林村最为显著的标识。

从"不得已"到全家总动员

十多年前的双林村，几乎是宁海经济最薄弱的村落。2009年宁海国家登山健身步道一期建成，情况随之发生了改变。

"登山健身步道建成后，沿线村庄依托步道发展起农家乐。刚开始，动员了5户搞试点。"时任街道联村干部的俞辉说。为解除村民的后顾之忧，村里与上海某旅游网签订合作协议，每间房保底一年7000元，超出部分则进行分红。一年之后，村民们就不愿意续签了。"每间房已能做到12000元/年，谁还愿意续签。"俞辉说。

林健宝是当初5户试点之一。作为村里的老支部委员，林健宝回忆，自己一开始也是心存疑虑，山沟沟怎么会有人来？但作为村干部要带好头，他"不得已"将房子重新装修，开了一家以餐饮为主、只有4间客房的小型农家乐。没想到，农家乐慢慢开始兴旺起来，第二年有了七八万元利润。随着生意日渐兴旺，在城里上班的儿子帮着在网上开设预订业务。"周边城市来自驾游的人特别多。曾接过一个327人的上海团,家里实在没地方,只能租用村里的礼堂。"林健宝笑着说。

和林健宝一样,林爱娥也是放弃了三十多年的服装生意,一门心思在家里搞农家乐。一开始,她对开农家乐也是将信将疑,结果两年下来,毅然决定全职开农家乐。现在,纯利润能达到六七十万元。"住宿淡季时,农家乐生意可不淡,中午晚上都有十几桌来吃饭的客人。"她说道。

民宿坚持平价消费,150~200元一天,包吃住。大部分客源都是熟客介绍的,做的就是口碑。为提高竞争力,村里还开设了精品农家乐。截至2021年底,双林村打造精品民宿46家,实现旅游纯收入1000余万元。

山水结合,走出运动休闲之路

山沟沟的农家乐为什么能火?原因在于依托山水资源。双林村紧依宁海最高山峰之一的东海云顶,也是汶溪水域源头,有"浙东的小九寨"之称。全村森林覆盖率达98%,双林人民简直就是生活在"氧吧"里。

林爱娥介绍,走完双林村的整段步道大概要1~1.5小时,许多宁波、上海的客人都自驾车前来,住上几天,调养生息。习惯早起的王大爷,是来自上海的退休职工,儿女已成家立业,他跟老伴就乐得清静,有空就出门旅游解闷。每次来,王大爷都会拉着老伴一起去爬步道,这成了他们的日常动作,既能消食,也能呼吸新鲜空气,身心兼修。"坐动车方便,自驾也方便,来宁海就像走亲戚一样,很熟悉、很亲切。"王大爷的一番话道出了游客共同的心声。

同样来自上海的薛国良,也是林爱娥的常客,退休前是一名医生,已经连续五年在这里过年了。"每次来都会带上三十多个朋友,早上起来爬爬山,环境好、空气更好。"林爱娥说,每年的大年初一到初三的客房早早就被预订一空,不提前一个多月,根本订不到。

双林村不仅有登山健身步道,而且还新建了水上乐园、跨溪索桥,天然氧吧的特性深受健身者钟爱。每到夏天,1号农居的胡满萍特别忙碌,她家就在汶溪的上游,白天顺带销售泳衣、游泳圈等。游客喜欢在上游溪潭游玩玩水,晚上游客坐在院子里喝喝啤酒、吃吃烧烤,胡满萍一个夏天光这块收入就有6万元。

汶溪从宁海东海云顶顺流而下,从双林村穿村而过。"没改造前,溪水时有时无,河里什么杂物都有,游客下水游玩不安全。"俞辉说,村里在汶溪上游筑了一条坝,形成一个水潭,同时对溪道进行清理,铺上鹅卵石,游客可以光脚丫踏溪。"尽量保持乡村溪流的自然原状,实现农村设施景区化,让游客享受自然风光的同时又有安全舒适的体验。"俞辉说道。

一张床的产出胜过十亩地

目前,农家乐已经成了双林村最主要的产业。健身步道给他们带来稳定的客源,节假日 600 多张床位全部爆满。据了解,全村民宿年均接待游客 20 余万人次,营业额突破 2800 万元,创造"一张床的产出胜过十亩地"的奇迹。

宁海国家级登山健身步道闻名在外,十多年来先后接待省内外 200 多批考察团。每年行走在宁海国家登山健身步道上的游客超过 300 万人次,带动沿线农家乐创收 2.1 亿元。如何将宁海健身步道在原有基础上进一步转型升级,2017 年县委常委会进行研究部署,围绕在新时代如何推进体育事业和全民健身活动进行审议,这也是体育工作第一次被列入宁海县委常委会议题。

宁海登山步道依山就势而建,以保持原生态为准则,因此对很多地方都有借鉴意义。如今,宁海作为《国家登山健身步道配置要求》参与制定单位,推动登山健身步道国家标准制定。同时,积极谋划自行车绿道、登山步道、海洋运动航道的连接并网工作,组建登山健身步道开发建设公司,推动规范化、标准化、产业化发展。

(张莺 马超)

乐清市仙人坦村：飞拉达带来的新腾飞

"山不在高，有仙则灵"，位于乐清市龙西乡的仙人坦村，就是这样一个有故事的美丽山村。仙游洞、百丈岩、剪刀峰……漫步于仙人坦村的奇山异石间，在雁荡山山雾缭绕间，给人一种置身仙境的感觉。

除美景之外，这个盛产石斛的村落，近年来大力发展飞拉达运动项目。这一看似小众的极限运动已成为网红。这个一直以来恬静的山乡，因飞拉达名声远播。生态农业、休闲观光、体育旅游有机融合所产生的"化学反应"，不仅使仙人坦村打响了声誉、聚集了人气，更给村民带来经济红利。

小山村里的大赛事

龙西乡石斛谷、散水崖和雁荡山，这是仙人坦村飞拉达项目的优选之地。

首届飞拉达运动嘉年华点燃了村里的激情。"攀附着岩壁，凌空近300米，耳边风声呼呼，每踏出一步，你都会为自己的勇气而骄傲，这就是飞拉达。"飞拉达项目投资人方兴元介绍，飞拉达是意大利文（Via Ferrata）的谐音，意为岩壁探险或铁道式攀登，"听起来是不是很酷，也很神秘，体验起来绝对刺激。"仙人坦村的飞拉达项目一经推出，大受欢迎。除络绎不绝的游客之外，村民"近水楼台先得月"纷纷体验，享受极限攀岩的妙趣。

方兴元介绍，目前国内大多数飞拉达线路都在山谷内，而仙人坦村飞拉达线路是唯一条位于山腰的线路，凌空297米，可以鸟瞰整个龙西乡，视野开阔。从攀登起点开始，游客面临的是近90°的石壁，先垂直攀爬，而后水平环绕沓屏峰，再过铁索，步步惊心，环环相扣。为满足不同游客需求，仙人坦村设置了A、B两条线路，A线全程约400米，由于95°—100°的仰角设计较多，适合专业户外运动爱好者，全程体验时间约3小时；B线全程约1000米，最高处与地面相距200米，适合大众参与，进行休闲观光体验。

仙人坦村的飞拉达项目安全保障措施完善，达到国际标准，项目设置贴合大众模式，人人都能上手。由铁扶手横梯、固定缆索、岩石塞、踏脚垫等构成的爬山径道，让体验者轻松攀上陡峭的岩壁，同时实现挑战自然、征服自我。

在飞拉达活动和赛事带动下，激发了越来越多村民的体育热情，登山、健步走也融入了他们的日常生活方式。三十多岁的村民潘锋是当地的运动达人，飞拉达赛事带来的改变他感触最深，他认为："有了丰富多彩的赛事活动，每个人都充满活力。"

"冷"运动带来"热"效应

飞拉达在国内是小众运动，但对于仙人坦村来说，这项"冷"运动激发的"热"效应已经发酵。村党支部书记潘克汉看着村庄的变化，笑容满面地说，"飞拉达带我们村'起飞'了。"

潘克汉介绍，仙人坦村依托沓屏峰奇特的地貌、秀美的风光，推动飞拉达项目落地，由村集体与开发公司合作，"结合区位条件、资源禀赋，因地制宜推动特色发展。"飞拉达项目一期投资1000万元，包括登山绿道2000米、起登休憩平台、攀爬线路2条及其他配套设施，目前为华东地区最大规模的飞拉达项目建设。

项目落地带来联动效应，最直接的体现是基础设施建设加快，村居环境变好，并带动外围服务业增收，实现可持续发展。2021年，仙人坦村集体拥有飞拉达项目7%股份，游客年接待量5万人次左右，获得股份分红超过百万元，村民人人受益。

此外，由飞拉达项目带来全域旅游战略部署全面铺开。石斛谷被列为温州市首批森林康养基地之一，与显胜门景区、飞拉达运动一起，带动吃、住、游、购等旅游经济一体化发展，使飞拉达、攀岩、徒步、登山、山地越野、山地自行车、瀑降、漂流等山地户外运动项目实现了联动。潘克汉说，这些山地户外运动项目有利于生态保护，同时用时尚运动项目留住游客，与其他旅游项目实现差异化发展。不过，飞拉达属于新兴的时尚户外项目，赛事规则还没有统一的标准，接下来，仙人坦村会继续让飞拉达赛事活动既安全时尚又惊险刺激。还要借助赛事扩大影响力，使冷运动激发热效应，让飞拉达成为一张体育金名片。

飞拉达正带动富民强村

"以前游客大多半天就走了，而飞拉达项目从准备到结束需要半天至一天，几个景点串在一起就能实现1~2日游。"仙人坦村旅游项目负责人说，"'看山不用爬山'虽然是雁荡山旅游的特点，但也导致客人停留时间短、参与性不强等，而以亲身体验性为主特色的飞拉达，正好破解了这一难题。"

另一方面，体育不仅带动了旅游，还进一步带动了餐饮、住宿等各个方面。"以前村里连个小卖部都没有，现在炒个粉干都能卖钱，飞拉达功不可没。"潘克汉说，原本村里依附石斛等传统产业收入还不错，但集体经济不多，飞拉达项目解决了这个问题。

仙人坦飞拉达的游客来源除温州外，主要来自上海、福建等地，更有来自俄罗斯的飞拉达女网红、瑜伽达人，甚至一些热爱极限运动的年轻人穿上婚纱，在悬崖峭壁上展示别样的美。在飞拉达项目的带动下，仙人坦村年接待游客7000多人次，带来住宿和餐饮业收入超200万元。村集体通过与投资方合作，增收大幅度提高。手头有钱了，村容村貌也得到进一步提升。

（王占苗　薛原）

瑞安市芳庄乡："抱团漂流"——新玩法新经济

瑞安市芳庄乡"奇云大漂流"开门迎客后，最热闹的时候一天多达上千游客。一个月时间，带来直接经济收益 100 多万元，带动周边住宿、餐饮、交通等收入几百万元。

村集体抱团打造"亚洲第一漂"

芳庄乡地处瑞安市西部山区，位置偏远，经济基础薄弱，曾是当地有名的"贫困乡"。2017 年，该乡 31 个行政村完成"消薄"，但仍缺乏有效手段持续带动农户增收致富。芳庄乡政府积极谋划"奇云大漂流"项目。由乡政府牵头，31 个行政村集体（现已合并为 8 个行政村）和民间资本共同出资，2018 年 7 月底项目正式投入运营。

"奇云大漂流"项目是目前国内为数不多的大型漂流项目之一。选址三十二溪奇云山红岩峡谷，全长约 3 公里，漂流时长一个多小时。民间资本＋集体经济的投资管理模式，具体为集体出资 825 万元，民间资本出资 410 万元，共同成立温州锦川旅游开发有限公司负责运营。据悉，这是目前瑞安参与村数量最多、投资规模最大的"抱团强村"项目。

奇云大漂流有三个主要特点：一是落差大，有 100 多米；二是水流量大，该基地漂流的水流量是一般小漂流的 3 倍以上；三是橡皮艇大，这里的艇都是 6 人艇坐 4 个人。从全国范围来看，同时具备高落差、大水流特征的漂流屈指可数，奇云大漂流被誉为"亚洲第一漂"。

"到了周末,多的时候一天有近千名游客。"温州锦川旅游开发有限公司总经理王荣华自豪地介绍。

王荣华是土生土长的芳庄乡人,正是看好这里得天独厚的自然资源和老百姓休闲旅游的需求,决定回乡投资。不仅如此,很多村集体投资项目的资金,也是通过王荣华的公司担保的。

带动200多人就业增收

奇云大漂流作为抱团项目引领整个芳庄乡的旅游发展,一方面推进全乡的全域旅游,另一方面各个村一起发展壮大集体经济后,达到可持续增收的目的。此外,直接或间接解决了当地200多人就业,包括到公司上班、从事餐饮行业、出售土特产等,带动村民增收致富。

奇云码头农家乐老板叶允银原来在温州、北京等地做生意,看到家乡有这么好的项目,下定决心回来投资。暑期旅游高峰时,餐厅十几张桌子全部客满,用餐等上一两个小时也是常态。除了餐饮,叶允银也出售一些土特产。这些特产原本是农户家里的家常食材,可在城里人的眼里都是天然无公害的健康食品,一下子供不应求。目前,叶允银正在忙于投资扩建。

周垟岗村村民黄金虎也是受益者之一。黄金虎曾在外开服装店多年,后来生意不景气,2015年回到村里靠务农为生,收入微薄。奇云大漂流项目运营后,黄金虎成为该公司的一名员工。"我负责运送皮划艇和水电维修等工作,每个月工资4000多元。"黄金虎说,仅他们村就有10多人在漂流基地找到了活干。

"我们村入股奇云大漂流项目,得到了广大村民的支持。漂流项目为村里带来稳定的收入。"原候垟村村委会主任何立业说。该村共有180户,大部分村民以务农为主,收入不高。村里原先也想过发展旅游带动村民增收,但苦于缺乏资金。此次入股奇云大漂流的资金,部分通过银行贷款。该村准备对村里的白山岭古道进行修缮,建成登山步道,以丰富旅游业态促进农村发展。

完善周边设施打造全域旅游

2018年8月,芳庄乡还举办了温州市首届漂流体育旅游文化节,进一步提升了芳庄乡漂流运动的知名度和美誉度。一提起芳庄乡,大家首先想到的就是漂流。

2018年底,芳庄乡牵头推进奇云大漂流项目二期工程建设:一是建设环水库步道,项目位于奇云大漂流起点旁,建设3公里观光游步道;二是完善生态停车场和游客中

心，改建3个绿色生态停车场，增加游客中心，提升餐饮接待能力；三是建设下游水上乐园，开设水上滑梯、儿童水球、彩虹滑梯和游泳等娱乐项目，结合奇云大漂流，为游客提供多元水上欢乐体验。

根据规划，芳庄乡还将整合奇云大峡谷、白山岭古道、黄金坳古村、东元六连碓、双溪寨漂流等资源，凸出奇云山的多样化游览体验空间，以古法造纸、古道、古村落、古民风等为代表，推出古文化元素休闲旅游产品，打造大奇云山旅游品牌。

（易龙吟　王品燚）

诸暨市杜黄新村：球场上演绎新时代"枫桥经验"

枫桥是个明星镇。留下"不要人夸好颜色，只留清气满乾坤"千古诗文的元代大诗人王冕就是枫桥人，毛泽东亲笔批示的"枫桥经验"也诞生于此。

诸暨是全国篮球城市。作为中心集镇之一的枫桥，草根篮球同样风靡。"枫桥经验"与草根篮球，看似并无交集。但以杜黄新村为代表，篮球场上正演绎着新时代"枫桥经验"。

这帮年轻人为什么集体回老家——打一场有意义的球赛

七一建党节，枫桥镇杜黄新村，挂着各地牌照的小轿车鱼贯而入。

走下车子的年轻人，有在绍兴上班的葛永峰，在杭州工作的周淦波、陈杭宇，以及远在香港经商的陈洋，当然也包括在诸暨城里上班的阮凌杰、楼旭光。除了都出生在杜黄新村，他们还有一个共同的身份：村篮球队队员。

大家这次专程赶回来，就是为参加一场篮球赛。诸暨市供电局与杜黄新村的小伙子们，要在建党节这天打一场篮球赛。哨音一响，与春节时村戏的锣鼓声一样，村民三三两两走出家门涌到球场，围了里三层外三层。杜黄新村以这样别具一格的形式，庆祝党的生日。

与很多"空巢村"不同，走在杜黄新村街上能够见到不少年轻人。他们即便在城里或者别的城市上班，周末甚至工作日晚上都愿意回到村里，打球是其中的"诱惑"之一。像阮凌杰、葛永峰，想要打球了，一脚油门就会回来，打场球再回城里。

村里有两支球队。一支是二十来岁的学生军,还有一支是三十来岁的上班族。2017年,枫桥镇组织全镇篮球赛,28个村组队参加,冠军就是杜黄新村。一时间,这成为村民茶余饭后的谈资。

爱好打球的还有像楼杨勇这样的中老年人。年过六旬的楼杨勇感叹,"年岁不饶人",已经组不起队伍打比赛了,"当然,球场上露两手还是可以的"。让楼杨勇自豪的是,他是村里小有名气的土裁判,一年执裁起码二十场以上。谈到篮球,这个不善言辞的农村汉子来劲了:"只要有球赛,我能够拔腿就到。"对此老伴干着急。因为与大多数村民一样,楼杨勇家也是以织布为生。噼噼啪啪的织布机,时刻都离不开人,被篮球勾走了魂,老伴能不着急。

球场上化干戈为玉帛——书写新时代"枫桥经验"

打篮球是杜黄新村村民的精神归宿。这片球场,还是个矛盾调解地。当了10年村党支书记的王海军,几次欲言又止。原来,有一桩不甚光彩的往事,一直梗在他心里。

杜黄新村由之前的新建村、杜黄桥村合并而成。这两个村,一个是上游,一个是下游。每年汛期到来,一旦泄洪,上游卸了负担,下游自然遭了殃。两村搞不好就要干上一架!为此,绍兴、诸暨两级特警数次出动维稳。因为这个原因,两个村的关系剑拔弩张。

楼杨勇挠挠脑袋,不好意思地说:"以前,我也打架。"其实,他现在还是"打",只是不再打架而是打球。杜黄新村有3个球场,愿意上哪个球场打球就上哪个球场打球。球队里,既有原杜黄桥村的,也有原新建村的,他们早就不分彼此,只打球不打架。

王海军还提到了另一件不太光彩的事。以前,杜黄新村的赌博也恶名昭彰。现在,村风大变,也有球场的功劳,因为多一片球场,就少一个赌场。

"居功至伟"的球场,两村村委会一直都很"敬重"。王海军说,"灯光塑胶球场改造完工后,杜黄新村爱好打球的人更有盼头了"。

据了解,原本这3片球场的电费支出一年大约2万元。有时午夜时分,球场上还有活动的身影。塑胶灯光球场改造后,电费支出恐怕又得大幅度上涨了!

体育蕴含"美丽经济"——运动休闲+农业观光的好姻缘

篮球场演绎的新时代"枫桥经验",让王海军等村干部有了更多灵感,也开始更多地从体育上找出路。上了年纪后,篮球打不动了。老年人提出:能不能建片门球场?

2017年，枫桥镇第一片塑胶门球场建成开放。楼杨勇说，2018年，他就加入了村门球队。现在村里的文体设施除篮球场、门球场外，还兴建了文化礼堂。男的打篮球，女的跳广场舞，成为时髦的生活方式。杜黄新村的2300亩农田，昔日因为泄洪、灌溉而产生矛盾，前几年通过土地流转成了"国家现代农业园"。村里成立了经济合作社。现在，几百亩稻秧绿意盎然，几百亩荷叶田芙蓉争艳，还有几百亩大棚西瓜叶绿瓜圆，一派农业好风光！

王海军由篮球场得了灵感，在一望无垠的农业观光园打造了800米长的健身绿道，拱形的长廊建筑，是村民们晚间健步走的好去处。农田尽头，是一座小山，现也已经修建出总长3.2公里的登山游步道，尽可能保留原生态，为此村里还组建了一支登山队。

农业观光，四季风景各不相同。运动休闲也因季与之融合。四五月，成片的苜蓿花盛开时，组织捉鱼比赛；冬日里，新米上市又举办打麻糍活动。这样的活动，能让上千村民参与其中，这本身就是一件凝聚人心的事情。现在，王海军有个美好的愿望，就是村民们除了自娱自乐以外，能将村里运动休闲活动打造成吸引游客的民俗项目。

（黄维　崔义刚　余敏刚）

新昌县南洲村：南洲武术"老枝发新芽"

南洲是一个有名的古村落。据史籍记载，新昌建县于908年，南洲有村在147年左右。

新昌是浙江的武术之乡。武术作为强身健体、抵御外敌的一种手段，早就在南洲村扎根，并且经历了繁华与没落。新的时代，经过新老传人的持之以恒的不懈努力，南洲村传统的武术孕育出了新的生机。

上至六七十、下到六七岁，这个村子人人都是"武林高手"

"慎德堂"是南洲叠罗汉艺术团所在地。走进大门，这里正在进行一场热闹的武术表演。喧闹的锣鼓声中，4名小伙子扮成一红一黄两只狮子，时而互相追逐，时而抱在一起，憨态可掬。舞狮表演后，两位老师傅走上台，一个使棍，一个打拳，一招一式，孔武有力。

下场后，丁春光擦了擦额头的汗水，35℃高温下打完一套拳，年近七旬的他并没有累得气喘吁吁。丁春光曾是一名乡村教师，教初中物理和数学，他从17岁开始习练武术，退休后更是成了他最大的乐趣。"主要是强身健体，武术在南洲村是祖传的'手艺'。"丁春光说，父亲丁伯诚活到92岁，70多岁时还能打拳。

这边厢老师傅们撑起一台戏，那边厢的"燕翼堂"则是"小鬼当家"。南洲罗汉第16代传人胡炎彬指挥着他的"小兵们"站在各自的位置，练起不同的功夫，有的下腰，有的劈叉，有的打长拳，还有的附到他的身上叠起了三层"罗汉"。

村民潘瑜的两个女儿师从胡炎彬练武,大女儿王栩锴10岁,小女儿王依诺不到6周岁。"小的从小就比较好动,她爸爸、爷爷都练拳,打的时候,她就在旁边看。"他说。软磨硬泡之下,潘瑜把孩子送来习武,在妹妹带动下,姐姐也跟着来了。"依诺真是打心底里喜欢练武,前几天发烧到40℃,都没断过练习,学得也挺快,练了两个月都赶上练半年的了。"潘瑜露出自豪的笑容。

据了解,现在光是跟着胡炎彬练习武术的孩子就有80多个。以前南洲村武术只传男不传女,现在男孩女孩一起学。

闯荡江湖之后回到家乡,他让传统武术焕发生机

新昌武术协会主席张涌良介绍,"叠罗汉"是南洲村独特的区域文化,同时也是当地人的休闲活动。鼎盛时期,家家户户设立拳坛,舞枪弄棒,习武修德。县志记载,古时武术用来抗击倭寇,现在练武主要是强身健体。现在南洲村教武术的方式也改变了,不仅打破了男女的限制,还扩大了教学对象的范围,使更多的人从中受到效益,因而武术也是一种教育。

由于历史原因,南洲武术曾经有过一段没落时期。胡炎彬说,那段时间大家把心思放在农活上,很少练武,但是他的师父,也就是叠罗汉第15代传人却一直想把武术传承下去,便到处跑龙套演戏,"有经济基础了,才可能传下去"胡炎彬说。

如今,胡炎彬接过了师父的"枪"。他从小习武,就在田间地头练习,在泥土里翻跟头。长大后,在北京当过两年文艺兵,去剧组跑龙套演戏,还在工厂里上过三年班。成家后,决心把武术重新"拾起来"。他说:"正好《少林寺传奇》在新昌拍摄,我想培养更多的小罗汉去拍电影,完成我的明星梦。"

2010年,胡炎彬回到新昌开起武馆,就叫新昌县武术队,教授竞技套路、传统套路、空翻等项目。同时,还承担起武术进校园的责任,教授过的学生多达数千人。他还有一份浓浓的乡情,只要有时间就回来教村里的孩子练武。

武术不是花拳绣腿,传统文化也能带来经济效益

南洲村属于偏僻山区,距离县城35公里。改革开放以后,村里通了公路,很多村民以种植花木为生,花木也因此成了镇里的主要经济产业。通过这条纽带连接起来的,还有南洲村的传统文化与外地游客。

2013年,村里开始办起罗汉节,从小打小闹,到如今已经名声在外。2016年,南洲村被评为浙江省民俗文化旅游村,凭借的也是叠罗汉。这几年,每年都有5000多人

次来到南洲村旅游、看武术表演，顺带着把花木、西瓜等农产品买回去，年经济效益达到1000余万元。"我们既要把叠罗汉武术文化传承下去，又要让村民们富起来。"村党总支书记石林波说。

乘着这个东风，胡炎彬也回到村里开"罗汉民宿"。来这里可以吃到"罗汉菜"，每一个房间里都挂着南洲武术的介绍画。在他的带动下，南洲村已经有了五六家特色民宿，都是以武术作为主题。

传统的武术再度焕发生机，不仅拓宽了村民们的致富道路，邻里之间的关系也变得更加融洽。以前，大家茶余饭后喜欢聚在一起打牌，矛盾时有发生。现在，村民都执着"练家子"，一早一晚都得活动一下筋骨，见面也要互相切磋一番。哪个动作好，哪个动作不对，都会相互交流，互学互练，关系更加融洽了。

每逢暑假，作为南洲武术带头人的胡炎彬都会忙着搞非遗夏令营。对于未来，胡炎彬有着更大的野心："以前很简单，就想把传统文化传承下去，现在赶上好时候了，我想让更多的人参与进来，不仅是新昌县周围，全省、全国的游客都要到我们这里旅游，把我们的武术、特产这些好东西带出去。"

（黄维　崔义刚　余敏刚）

新昌县董村村：休闲漂流引来滚滚人流

董村村位于新昌县沙溪镇东南侧，从县城到这里三四十公里，山路十八弯。以前这是个穷村子，村民靠卖花岗岩石材杨桐柃木，一年到头忙忙碌碌，可过的还是穷日子。现在，封山育林了、改善环境，不卖石材而改"卖风景"，家家户户吃上了"体育旅游饭"，每年吸引游客超 10 万人次，并荣膺全国文明村、3A 级景区。

从生态破坏到人气爆棚：一条休闲漂流道成了致富路

一条龟溪江沿村流淌，宛如一条碧带串起青翠山色、崭新民居、整洁村道。

在十年前，这里还是另外一番景象，破旧危房、违法建筑不在少数；村民们随手乱丢垃圾、侵占公共用地堆放杂物；石材开采破坏生态，造成水土流失。

发生这样的转变，得益于一条小溪的改变。

一队宁波投资客来考察后，相中了董村的这条溪流。陆续投资 1000 多万元，打造成漂流赛道。漂流赛道总长 3.5 公里，落差 180 米。这条大峡谷漂流赛道成为当年浙江落差最大的漂流景区。落差大自然更加惊险刺激。董村一下子就火爆起来。沿途奇形怪状的山石如龙门阵一样陈列着，因此风景也特别美。村支书俞春国自豪地介绍，以前董村名不见经传，只是因为山石峥嵘、风光旖旎，有"巧王山"之美誉，现在有了漂流基地后名气大噪，驴友们、游客们称之为"小黄山，连汽车导航都显示有了这么个地名"。

"这里既有平缓的河面可以欣赏风景，又有比较大的落差一冲而下，是我玩过的最好的漂流。"来自上海的驴友杜凯浑身早已湿透,但脸上依然透着兴奋。近几年董村年接待游客超过 4 万人次。

来来往往的游客、驴友多了,也让村民们打开了眼界。"靠山吃山"村里又开辟了 3 条登山步道。一条是党建文化步道,适合一家人游玩 0.5 小时;一条是旅游步道,可供游客游览 2 小时左右;一条是原生态古道,走下来需要 3 个小时。

另外,村里投资 180 万元修建了 2.5 公里的彩虹骑行道,为骑行爱好者提供了方便。刚刚举办过的一场千人骑友大会,其中还有二十多位外国朋友。"这条骑行道对骑行爱好者来说,自然环境优美,并且安全。"新昌县自行车协会会长潘松华说。现在,镇里还在规划新的骑游线路,骑游道将成为这里一道运动的风景,有意将这里打造为骑游小镇。

转变经济增长方式:外地商人与村民实现"共赢"

除了开采石材,董村村民另外一种主要的收入来源是种植杨桐柃木,这种木村出口日本做祭祀用品,已有三十多年的历史。和采石一样,过度向自然索取资源,造成生态环境破坏。因此,村里开始积极求变——有山有水有步道,寻求可持续发展的经济发展方式。

俞春国介绍,在漂流景区建设的过程中,村民们给予很大帮助:"老百姓特别勤劳,白天晚上都做事,给我们帮忙。"作为回报,漂流也给村民们创造了很多就业机会。"忙的时候要雇 30~50 人,都是本地村民,主要负责运船、河道安全维护与引导。"俞春国说。

"哪想到在自己家门口就能就业呢?"村民董元春说道,他曾一度游走在低保户边缘。自从村里办起"小黄山"峡谷漂流,他当上了河道保洁员,每天有 100 多元的收入。

在投资商和村民的共同努力之下,"小黄山漂流"的名气越来越大,最多的时候一天有 3000 人来漂流。"人挤人,排队买票要半小时。"说到这里,黄帼芳笑得合不拢嘴。同样开心的还有李凯。这是来自湖北的小伙子,他的拍摄团队定点为漂流的客人拍照。看似小买卖,却有好收益,已经连续几年与景区进行合作了。

借着漂流东风,除建骑行道、修缮登山古道外,董村还有几个大手笔在"绘就"中,如沿着山崖修建玻璃栈道、引进极限运动。"休闲漂流季节性太强,等这些项目都建起来,一年四季都可以吸引游客前来。"俞春国满怀信心地说。

外出打工者回来开店：家门口就业让村民乐开花

作为一个远离县城的山村，如果只依靠采石和种植业，村民的人均年收入只有3000多元，而今这个数字的后面要加一个"0"。

凭借体育"三宝"，董村年吸引游客超过10万人次。为了让游客们吃好、住好、玩好，村民们开起了民宿、小卖店，搞起了果蔬采摘，回村创业取代进城打工。

漂流下游停车场旁，设有24个铺位，每个铺位八九平方米，象征性收取年租金2000元。利用这些铺位，村民们出售农副产品、点心，以及漂流用的雨衣、鞋套等小商品，收入颇丰。"以前在家种杨桐柃木，现在在这里开店轻松多了，旺季一天收入能有1000元。"村民梁良娟说。除这个小店，梁良娟家还开着饭店，一年下来纯收入达到五六万元。

民宿和农家乐，成了村民收入的"大头"，原先大家都是削尖了脑袋往城里跑，现在回家开店已经成为了"主流"，王旭军就是其中的代表。为了赚更多钱，王旭军曾带着一家人到新昌县城打工。村里有更好的就业机会之后，他就毅然回来开起餐馆，孩子还留在新昌读书。"现在不一样了，既能在家门口就业，收入又不比城里打工少，当然要回来！"他说。

随着人才回流，到2020年，村里建起民宿13家，共有180多个房间；农家乐七八家，其中2家比较大的店同时可开五六十桌，供上千人吃饭。

交通方面，进村的路正在拓宽修整，人才方面还要加大引进力度。俞春国说，乡村体育旅游的带动，既要把产业链拉大，又要把有思想的优秀人才引来投资，聚集人气、鼓足士气，把乡村旅游搞得更好。

（黄维　崔义刚）

长兴县青草坞村：舞龙"舞"出的幸福小日子

恩爱缠绵双龙戏，只羡鸳鸯不羡仙。在湖州长兴县李家巷镇青草坞村党群服务中心，一左一右摆放着两条龙，眼神炯炯有光，仿佛诉说着一段尘封已久的故事。

青草坞村，东倚太湖，又为弁山环抱，尽得山水宠爱。相传，天上住着一对正值年少的雌雄青龙，为保护百姓安康，在离太湖不远处的青草坞盘踞下来，他们相依相偎、守望相助。从此，百姓过上了安居乐业的生活。为感恩双龙的庇佑，村民们年年舞起双龙，以祭祀这对为村里带来安宁与丰收的守护神。

如今，青草坞村的"鸳鸯龙"已经舞了上百年，独特的"双龙会舞"只要一舞动起来，必会收获满堂喝彩。2017年，"鸳鸯龙"登上了意大利的舞台；2018年，又搭乘"一带一路"的东风到北京展演。青草坞村民们的生活，正如龙腾之势，飞向更美好的未来。

田间地头而生　乡土风情而兴

"同治年间，青草坞村的先辈从温州平阳县移民过来，其中就包括了鸳鸯龙的创编人陈秀明，他对舞龙特别感兴趣，逢年过节舞龙都少不了他的身影。"陈钦招说。陈钦招是鸳鸯龙第五代传承人，对青草坞舞龙的起源了如指掌。"逢年过节，双龙不仅仅挨家挨户表演，还被外乡人邀请去表演，以祈求风调雨顺。"

青草坞村的"鸳鸯龙"因神话故事而创编，诞生于田间地头，一舞一动间展示的是村民们乐观向上的精气神，也寓意着日子的欣欣向荣。然而，"鸳鸯龙"在青草坞村的发展并非一帆风顺，曾历经几番波折。

陈钦招出生于20世纪70年代，由于特殊的社会背景，那时"鸳鸯龙"停舞了好多年。"在我年少时村子里已经看不到舞龙的身影了。每当大人们绘声绘色描述以前舞龙的场景时，心底总有一种向往。"陈钦招说。

20世纪80年代，双龙在青草坞"复活"了，逢年过节又重新出现舞龙的身影，还参加了县里举办的"庆祝国庆35周年"演出。1986年，16岁的陈钦招正式开始学习舞龙。没想到了90年代，因为外来文化冲击，舞龙训练又一度停摆，这让陈钦招很是失落。"青草坞村舞了一百多年的'鸳鸯龙'，难道就在我手里停掉了？"他找到几个原来一起舞过龙的伙计，他们出资的出资，出力的出力，这样才把舞龙队重新组建起来。陈钦招边介绍边翻出一些老照片。经过几十年岁月冲刷，有些老照片只能模糊地看个大概，但这些被收藏起来的正是属于青草坞村的历史。

顺应时代发展　飞跃世界舞台

"对一个文化的延续，应该在不同的时代有不同的体现。"陈钦招说，作为一个传承者，可不是简单地"承"，他考虑更多的是如何"传"，好让"鸳鸯龙"在青草坞的土地上世代传承。

一个"传"字，说来简单，实则难矣。如何在保持原有特色的基础上与时俱进，顺应时代而变？2016年，陈钦招邀请了省非物资遗产保护专家委员会专家吴露生老师指导，对"鸳鸯龙"进行全新创编和提升，新版的"鸳鸯龙"在原有基础上，增加了情感和故事元素。伴随着音乐，两条龙亲密缠绵、相亲相爱、嬉戏打闹，直到9条龙宝宝出生，寓意龙生九子，代代不息。当年环太湖国际自行车赛长兴站启动仪式上，新版"鸳鸯龙"一鸣惊人。

如果说2016年是"鸳鸯龙"脱胎换骨之年，那么2017年则是"鸳鸯龙"腾云飞天之年。这一年，"鸳鸯龙"在浙江省第4届舞龙锦标赛中一鸣惊人，夺得传统舞龙、成年女子竞速舞龙两项金奖。同年应主办方邀请，"鸳鸯龙"远赴意大利参加第34届国际民间艺术节，受到热烈欢迎。陈钦招说："所到之处人山人海。""在踩街的时候，市民跟着我们的龙往前跑；在表演舞台上，下面坐着的、站着的都是人，现场掌声不断。"回忆起当时在意大利时的情景，陈钦招话语中满是激动。"我们小山村出来的两条龙，能够走出国门，还能受到外国友人的追捧，真的很高兴。"

不仅去了意大利，"鸳鸯龙"2018年又去了北京。10月，"鸳鸯龙"参加了在北京举办的"一带一路"民族传统舞蹈展演，与国内外十多个非遗节目同台献艺，共同展示非遗文化的无穷魅力。这两条从山村里走出来的龙，乘着"一带一路"的东风顺势腾飞。

体育百花齐放　舞出美丽乡村

从意大利回来后,陈钦招明显感觉到队员们凝聚力更强了,也有更多的人想来学舞龙。如何更深层次地去挖掘"鸳鸯龙"的内涵?陈钦招想到,应该去探寻当年"鸳鸯龙"的历史和前辈们留下来的痕迹,并且完整记录下来,让后人在传承的过程中有史可查。

目前,村里新建了一座公共建筑——文化礼堂。"不光光舞龙,还要通过展览,传承舞龙文化。"陈钦招说,作为村子里独具代表性的传统民俗文化,"鸳鸯龙"是文化礼堂展示的重点。

在舞龙影响下,青草坞村的体育发展也呈现出百花齐放的态势。"舞龙舞到世界舞台,村民们参加文体活动的热情也日益高涨。"目前,青草坞村有标准灯光篮球场4片、健身路径3套。2017年新建成健身广场,2018年成立了村门球队。除此之外,还有排舞队、篮球队、腰鼓队……丰富的文体活动促进乡风文明,尤其是民俗文化得以发扬光大。青草坞不仅美在环境,也美在村民的心里。

舞龙等体育项目的蓬勃开展也助推乡村建设。几年前,青草坞还是粉尘漫天的"粉尘坞",房前屋后遍地的石粉加工作坊,让整个村庄都笼罩在粉尘中。"因为'鸳鸯龙',村子的名气大了,环境建设也要跟上步伐。"陈钦招说,通过粉体产业转型升级,青草坞村关停了180余家粉体企业。抱着"壮士断腕"的决心,村民们一度失去了赖以生存的产业。阵痛之后,青草坞村对关停的粉体企业进行征拆,高标准规划青草坞工业走廊。

栽得梧桐引凤来。青草坞的美丽乡村回来了,优质投资项目也被吸引来了。总投资5.15亿元的新世纪项目和总投资2.1亿元的瑞晨环保项目陆续上马。高端装备制造项目和新材料项目的落地,给村子带来了新的发展契机。

村里还将把一些闲置的地块建设成为停车场及其他景观,健身广场也将提升为文化广场,给美丽乡村增添更多的文化气息。

（金磊　梅杰）

吴兴区伍浦村：好看、好玩、好时尚

美丽富饶的太湖流域历来就是鱼米之乡，湖州作为环太湖地区唯一因湖而得名的城市，地处太湖南岸。如今，一条环湖公路——滨湖大道延伸在江南水乡。

滨湖大道北临太湖，南接吴兴辖区，串联起了吴兴区的10个村庄。一到十月，滨湖大道沿线的伍浦村三十亩格桑花热情盛放，吸引无数人来到网红花海打卡。花海西边有一条红色游步道，与滨湖大道平行，将花海与村子相连。不仅成了游客自拍的"网红"地，也成为暮色降临后村民们三五成群地散步健走的"每日打卡点"。

溇港文化扎根基　美丽乡村争创强

打开湖州地图，可以看见一条条南北向的河道自太湖向内陆延伸，纵横交织。这是太湖地区古老而又独特的水利工程，叫作溇港。太湖沿岸一个个村落被沿湖密布的溇港串联了起来，居民世代依水建房、沿溇而居。从织里镇出发，沿着滨湖大道一路向东，一边是烟波浩渺的太湖，一边是静谧的古村落。横溇纵塘间，古村落保留着江南水乡最初的模样。

"大白诸沈安，罗大新泾潘，潘幻金金许杨谢，义陈濮伍蒋钱新，石汤晟宋乔胡薛，薛埠丁家一点吴。"这首广为流传的民谣，每一个字都代表着一条通向太湖的溇，自古大钱村落以东，一共三十六溇。其中，位于织里镇东北部的伍浦村便有蒋溇、伍浦溇、濮溇、陈溇四条溇，而村子本身也因古伍浦溇而得名。溇港便是伍浦的根。

在漫长的农耕岁月里，四条溇港哺育了一代又一代伍浦人，孕育了独特的溇港文化。陈溇古市、五湖书院、陈溇塘桥、双甲桥碑……这些古老的遗存见证了岁月变迁，如今则成为伍浦发展的一笔宝贵财富。古村伍浦的改变每天都在上演。越来越美的村庄不仅受到村民喜爱，还吸引了许多外来游客来伍浦走一走、看一看，品味原汁原味的溇港文化。

2011年以前，伍浦村还是一个名不见经传的无名小村，用村党总支书记卢云旗的话来说，就是"出了湖州基本上就没人听说过这个地方"。从这年起，伍浦村开始全面建设美丽乡村，推进农业生态文明，最终被评为市级"美丽乡村"。

花海引来万数客　红色步道添生机

格桑繁花似锦的情景，在乡亲心中留下深刻印象。"每天都能迎接好多游客，连车子途经湖滨大道，也都会停下来赏花。"伍浦村支部委员李云丹说，村民在抖音上发了一段花海的视频一炮走红，"好几万人给视频点赞，都说要来看看"。

"花海至少引来了10万人，也为村民们带来了商机。这样的热闹与脚下的这条游步道分不开。"卢云旗介绍，步道在修建以前是土路，一到下雨天泥泞不堪，"红色步道是进入花海的必经之路，如果进入花海要先踩一脚泥，想必会扫了许多人的兴致。"

伍浦村的村容村貌改善了，处处都是新砖红瓦，荷包也鼓了，对文化生活的需求日益增长。在农村，健步走是最容易普及的运动。

在红色步道修建以前，村民们要想走路健身只能到村子外的滨湖大道上。来往车辆多，存在安全隐患。因此，便有了修建健身步道的想法。想法一提出来，没想到村民们竟没有一个人反对。

2018年年初，伍浦村请来中国美术学院专家编创《美丽乡村精品示范村培育建设规划》，其中不乏体育元素，有一条就是："为满足村民生活、健身、交流的社区配套需求，充分挖掘老村内部闲置用地，结合村内现状，设置多处村社区绿地公园。"目前，伍浦村已有1座村农民公园、2个标准篮球场、8片健身场地。此外，排球场、门球场、乒乓球室等各项体育设施一应俱全。

与此同时，村里先后组建排球队、篮球队、广场舞队、舞蹈队……只要想培养体育爱好，可供选择的项目五花八门；但凡想组织一场体育活动，轻松就能组织起热情参与者。每年的趣味运动会更是村子里最热闹的时候，全村男女老少聚在一起共享体育"大狂欢"，阳光洒在村民们的笑脸上，整座村庄其乐融融。

（全磊　梅杰）

海宁市桃园村：400 把钥匙打开 4000 村民的"心门"

一把钥匙打开一扇门，400 把钥匙打开的却是 4000 人的"心门"。这个故事在海宁已被传为美谈。

海宁有个盐官镇，名气很大。"八月十八潮，天下壮观无"，说的就是这里。盐官镇有个桃园村，这几年声名鹊起。这个村的文化礼堂，配了 400 多把钥匙，村民们可以自由地走进这里，参加丰富的体育文化活动，在陶冶情操、获得健康的同时，也极大地增进了邻里间的和谐与团结。桃源村摘得了"全国文明村"的称号，在这个荣誉背后，文化礼堂的作用至关重要！

一座文化礼堂，聚集一村百姓

浙江先后建起了两万座村落文化礼堂，这并不是什么稀奇事。稀奇的是，桃园村的文化礼堂，各个时段都人声鼎沸，哪怕是上班时间，这里也是热闹非凡。打乒乓球的、下中国象棋的、跳健身舞的、打麻将牌的、看电视的，起码有上百人。

为什么村民们爱跑文化礼堂？村党委书记金正华道出了其中的秘密："我们为村民配了 400 多把钥匙，文化礼堂就是村民共同的家园，当然爱往'家'里跑了。"但刚开始并非如此。文化礼堂建好后，很快就发现了问题，锻炼习惯不同、进出时间有早有晚，想锻炼的经常碰壁。如何提供更为便利的服务，就成了村里考虑的大事。

"只要提出申请，就能拥有一把文化礼堂的钥匙。"金正华说，这个消息一出，村民们纷至沓来，陆续已经配了 400 多把钥匙。其中，村乒乓球队拥有的钥匙最多，有

100多把，村民江丙林手里就保管着一把。想要打球时，在微信群里吆喝一声，球友就找到了。尤其到了晚上，还得排队上场，氛围浓了，自发的赛事也多了。每隔一两个月就要搞比赛，有的出钱赞助，有的掏腰包添置器材，就连储物柜都是球友亲手做好后送来的。令村民感到自豪的是，这座文化礼堂居然还扬名海外，此前，马来西亚的一支民间球队便与桃园村队开展了一次交流切磋赛。

"在物质条件提升的同时，广大村民也越来越重视精神生活，村里响应群众需求，完善了硬件设施。将钥匙交给村民，让大家自主管理，文化礼堂也真正实现了'门常开、灯常亮、人常来'。"金正华说。

一方文体乐园，凝聚村民力量

还是从乒乓球房说起。在墙上有一张公告，上面详细罗列了赞助明细、活动开支：乒乓球120盒3360元；沐浴露4瓶142元；茶叶4斤240元……数据生动地展现着这座乒乓球房的活力，也可以看出这支球队的凝聚力。通过锻炼、比赛，村民们的精气神有了，村风也变得更加和谐文明了。

不仅是乒乓球队，门球队也一样。队长宋利仙是个耄耋老太，身子骨依然硬朗。她骄傲地告诉记者，与一帮老伙计几乎每天都同场切磋，相处得跟兄弟姐妹似的。不光村里打球，还外出打比赛呢。"一年要跑出去参加几十场比赛，还获得过市级比赛的冠军。"

"平时自己在村里也会组织交流赛，每年上、下半年各一次。一比赛，就能打上一整天。"宋利仙笑着说，门球场升级改造后很多队伍抢着来参赛。

"我每天晚上出来散步，只要走出家门，随处可见健身锻炼的人。跑步、打球、健步走，不管哪个角落，都有运动气息。"宋利仙说，村民这股爱运动的风气渐渐声名远播，每天都有旅游大巴停在村口，"来调研考察的一波接着一波，都羡慕我们村的日子和城里人过得一样好。"宋利仙自豪地说。

一场民间村晚，歌颂和谐民风

金正华回忆，以往春节村民们喜欢聚在一起聊天、打牌、搓麻将，有条件的就出门旅游。如今，每逢年关就刮起"健康春节"新风尚。这同样得益于"流动金钥匙"，正是这把小小的钥匙激发了村文化礼堂的活力。

几乎每年正月，桃园村文化礼堂都人头攒动。他们之中，既有住在附近的村民，也有放假的学生，还有在外工作、经商回乡的村民，个个都"身怀绝技"。有时候跟着媳妇回娘家的女婿们也会参与其中，比赛场上不时爆发出阵阵叫好声。

"我们村早有广场舞，晚有乒乓赛，还有民俗礼仪活动和最美人物评选，过年还来个'村晚'啥的，越来越热闹了。"村民杨叙仙说。她是桃园村的广场舞能人，经常自学各种舞蹈，并手把手教给村民。在她带领下，村民们已经学会了100多首广场舞曲目，广场舞队伍也发展到100余人，她也是村晚舞台上的"红人"。

金正华介绍，"最美系列表彰会"更是村晚重头戏。"最美党员""最美组长""最美家庭""最美文艺团队"等一一登台亮相。评选结果还会在村报上公布。2012年开始，村里开展了"最美系列评选"，评选表彰全村"好婆媳""好邻里""好妯娌""桃园孝子"等各类先进典型，建立善行义举榜，弘扬文明新风尚。他们的事迹在文化长廊展示，潜移默化地影响着每一位村民。

金正华认为，除了村庄环境、经济发展外，充足的体育场地设施和高涨的健身氛围同样也是全村文明和谐发展的重要载体。"乡村振兴不仅仅是经济上、物质上的振兴，老百姓钱包鼓了，更加关注的是精神文明的振兴。丰富老百姓的业余生活，是村'两委'在乡村振兴方面的奋斗方向。"金正华感触颇深，桃园村的美，美在环境，美在运动的身影，美在精神的丰盈，也美在人情的和谐。

（黄维　洪漩）

嘉善县洪溪村:"五吨胜万吨"在球场上谱新篇

在嘉善县,提及农民篮球,自然而然地想到声名远播的天凝镇洪溪村。半个世纪前,洪溪村就凭借出众的篮球战绩享誉省内外。多年后,洪溪篮球文化和因篮球而生的"辣妈宝贝"文化成为金名片。正是篮球这项运动,让洪溪村民"聚"起来、"动"起来、"忙"起来、"乐"起来。

"五吨胜万吨"名声大噪

早在20世纪70年代,篮球就已深刻影响着洪溪人的生活。提起昔日光景,村党委书记陈俐勤感叹:"靠着我们村的草根球队,将洪溪名气给打响了。"

一群壮小伙出于对篮球的喜爱,用简单的木板、渔网等材料搭建起简易篮球架,一到农闲便聚在一起酣战。1968年,以他们为班底的洪溪公社篮球队成立。在这支队伍里,队员们身份切换自如:穿上运动鞋上球场,个个都是活力四射的篮球队员;脱下鞋子扛锄头下地,又秒变成地道的庄稼汉。一来二去,在和周边村庄球队的友谊赛较量中,洪溪公社篮球队越战越勇,渐渐打出了名堂。

要说真正让洪溪村篮球声名鹊起的是一场在上海打的比赛。"五吨胜万吨"的佳话一直流传至今。四十多年前,洪溪村民开着两艘5吨的水泥船到上海去割青草,得知上海重型机器厂与闵行轴承厂的球队正在比赛,便前往观赛,还主动提出和上海重型机器厂的篮球队比试一番。

正是这次较量,让洪溪村一战成名。上海重型机器厂是当时我国第一台万吨级自由锻造水压机的生产者，企业规模很大，厂篮球队更是实力超群。而开着2艘五吨水泥船的7名农民，竟然在与实力强大的对手交锋时赢得了比赛。时任嘉善县文化局局长的徐彩鹃听闻此事，撰写了一篇名为《五吨胜万吨》的报告文学。从此，洪溪村名声大噪。

让人遗憾的是，辉煌过后球队曾有一段时间沉寂。洪溪农民篮球发展经历了七八十年代的高潮后，到了90年代由于经费、组织等原因，及其他一些原因导致了村民的涣散，各种活动一度走向低谷。

整装待发　荣光再现

2003年，原本任职村妇女主任的陈俐勤当选洪溪村支书。如何让人心再度凝聚并发展壮大村集体经济？这是陈俐勤每天思考的问题。

陈俐勤在工作中发现，哪怕村民平日里闹矛盾，但凡是代表洪溪村篮球队出去比赛，那股子凝聚力又回来了。"一比赛，不仅看到场上队员们拧成一股绳，更能听到场边村民们一齐发出'洪溪队，加油！'的呼喊。"

这让陈俐勤心中一喜。她马上找到元老级篮球前辈吕瑞泉，商量重组洪溪篮球队事宜。被洪溪人称为"小毛教练""洪溪的乔丹"的吕瑞泉就是当年洪溪公社篮球队一员。最终，在老前辈和村干部合力动员下，洪溪村篮球队重现江湖。

时隔多年，虽然不少老队员们纷纷隐退，后辈们接过接力棒，为洪溪篮球注入了新的血液。陈佳杰和黄宇晨是现在洪溪村篮球队主力成员，而他们的父亲陈荣华、黄智勇早在二三十年前就是球场上的悍将。"我们受了父辈的影响，心中一直埋藏着复兴洪溪篮球的梦。"如今在村里担任文化宣传员的陈佳杰告诉记者，他们无缘见证昔日洪溪篮球的辉煌，但深受影响。如今陈佳杰是村里篮球俱乐部负责人，立志要当好洪溪篮球火种的传递者。

一些和干部关系紧张的村民，因为被吸收进了篮球队，由此而缓和了彼此之间的矛盾。"通过篮球这个'黏合剂'，让人与人之间的关系得以改善，工作好开展多了。"陈俐勤感叹，"球队比赛多了，邻里矛盾少了"。

洪溪村篮球队天天热身、月月有赛，昔日的盛况重现。若隔上一段时间没有比赛，百姓还会提出"抗议"。为了让村民们刮风下雨都能打上篮球，村里决定对原有露天球场加顶，改造为村里的文化礼堂。

2013年9月，一座由旧篮球场改建而成，投入约180万元的文化礼堂在翘首企盼中落成。2015年第七届中国小康村篮球赛总决赛就在这个场馆打响。值得一提的是，在2016年第八届中国小康村篮球赛总决赛上，这座文化礼堂还被授予另一份荣誉——

中国小康村篮球赛总决赛的永久承办场地。

"辣妈宝贝"洪溪新名片

男人都去打篮球了,女人也没闲着。如今洪溪村的"辣妈宝贝"啦啦队同样声名在外。

早在 2007 年,陈俐勤就计划组建一支篮球宝贝啦啦队。"找来找去,留在村里的姑娘不多,倒是篮球队的家属们表现出了极高的热情。"陈俐勤一想,不如就组建一支妈妈级的啦啦队。

队伍是拉起来了,但没人教啊,怎么办?她找到了在洪溪出生,但当时在杭州念大学的倪美丽。倪美丽听闻,利用周末和暑假专程回来给婶婶、伯母们传授舞技。这群平均年龄在 45 岁左右的啦啦队员白天干农活,晚上排舞蹈。每逢村里有篮球赛,她们就有了亮相的舞台。

黄宇晨上场打球,他爸爸在场边计分,妈妈在中场休息时跳舞,一家三口总动员的组合成了一道风景。陈佳杰笑着说,"正是有阿姨们的助力,在球场上也越打越起劲"。

啦啦队开始小有名气,2010 年受邀担任 2010—2011 全国女排联赛浙江主场的"排球宝贝"。她们的演出吸引了在场记者的注意。啦啦队迅速走红,网友们亲切称她们为"辣妈宝贝"。没多久,东方卫视的《中国达人秀》向"辣妈宝贝"抛来橄榄枝,面对镜头陈俐勤笑着说:"我们下田能扛得了锄,上台能跳得了舞,很自豪。"

"辣妈宝贝"啦啦队还曾亮相中央电视台《舞出我人生》、人民大会堂全国"村晚",甚至还走出国门参加了第 42 届龙达国际民间艺术节,圈了一波国外粉丝。

"辣妈宝贝"的名气越来越响,"辣妈宝贝"从单纯的文艺演出队伍走向了文化产业的发展之路,注重品牌意识的她们申请注册了"洪溪辣妈宝贝"商标,并成立了"洪溪辣妈宝贝"文化传播有限公司。从此以后,"辣妈宝贝"正式实现了从文化品牌到经济品牌的华丽转身。

"一个村庄好比一户家庭,只有家庭和睦,才能把日子过得红红火火。组建篮球队,组织体育活动,就是为了凝聚人心,百姓和谐共处。只有齐心协力,大家才有心思一起发展集体经济。"作为洪溪村的"大管家",陈俐勤有着操不完的心,这位最美村干部坚持不懈地和村民一路携手同行。

(洪漩)

平湖市徐家埭村:"摇快船"如何成为"摇钱树"

江南嘉兴一带,湖荡密布,河道纵横交错。过去,出入来往全凭舟楫。这里的村民,都是掌舵摇橹的高手。"摇快船"是江南水乡特有的船文化活动,也是一项来自民间的水上民俗项目。清明前夕赛农船的习俗曾遍及嘉兴各县乡,只是名称不一,海盐叫"出跳船",平湖称"摇快船",嘉兴则名"踏白船"。

平湖林埭镇徐家埭村作为"摇快船"这项古老民俗竞技活动的发祥地之一,自古亲水、喜水、戏水、乐水,不仅展示出水乡儿女特有的拼搏与合作精神,而且展现着水乡儿女奋勇争先的时代风貌。

如今,徐家埭村建成了一条南北全长400米的"牵浦塘"摇快船标准赛道,依托这一嘉兴非物质文化遗产,开启了振兴乡村发展旅游的致富路。

抢救老底子非遗文化

水乡人有句俗语"出门一支橹,路在水上铺",老百姓走亲访友、上街买卖,均靠水中行船。农家划船如何发展成一项盛大的水上民俗?在平湖,人们为了养蚕而抢购桑叶,在桑叶船上加橹加桨,加快行驶速度,也就是平湖民间俗称的"救蚕如救火""桑叶船似救命船",久而久之,便有了摇快船的习俗。

提到徐家埭村的摇快船,就不得不提年逾古稀的郭其芳。他是当地的民间非遗传承人。别看老人家已年过七旬,依然在船上担任鼓手一职。"小时候,船真是太重要了,我从10岁便跟着父亲上船,稍大一些便开始自己上手。"郭其芳笑着说,打小自

己便是摇快船的一把好手。"最初的摇快船只被用作运输工具，人们划船去捞水草、淤泥做肥料，划船捞过螺蛳补贴家用。"当初这样靠船维持生计的人不在少数。

后来，除了作为交通运输工具外，摇快船还有另一项不可替代的重要使命——祭祀。旧时经过农忙辛勤劳作的人们，为祈求五谷丰登、蚕茧丰收，会举行盛大的庙会活动，期间举行的摇快船比赛有着图吉利、祈福顺风顺水之意。

"以前摇快船比赛场面极为隆重热闹，因为家家都有船。后来村村通路，走水路的变少了。"郭其芳有些遗憾地回忆道，随着生活方式的改变，摇快船民俗活动逐渐被冷落，到20世纪80年代，会这项技能的人就越来越少了。

为让摇快船重新兴起，林埭镇在1989年专门组织了一次"快船夺瓜"比赛。每个乡都派队参加，岸边桥上水泄不通，围观者上万人。就连由著名电影演员游本昌、马德华主持的中央电视专题片《瓜乡游》都来到平湖，专门拍了纪录片。就是从那时起，摇快船这项与百姓渊源颇深的民俗活动再度在历史舞台上焕发光芒。

薪火相传留住美丽乡愁

采访当日，在林埭镇党委委员凤豪鹏的带领下，记者清晨便赶到徐家埭村的牵浦塘，远远就听到了阵阵呐喊声、锣鼓声。旌旗猎猎、喝彩阵阵，原来是当地两支摇快船队伍正在进行训练，只见老、中、青三代"船手"身着统一的粗布褂子，掌舵、打鼓、摇橹、划桨，各就其位、各司其职，只为争拔头筹。

郭其芳正在船上"咚咚咚"地敲击鼓点，把控着队伍节奏，而船上最年轻的船手不过20出头。出生于1995年的高建强，在一众"老男孩"里尤为耀眼，他算得上是团队中的新生力量，大家都亲切地称呼他"三毛"。三毛接触摇快船不过一年有余，因为勤奋好学、尊师重教，很快从"打下手"的替补队员晋升为主力之一。当队伍中的前辈们夸奖他"小伙子力气大，是个好苗子"时，他只是腼腆地笑笑："第一次见到这个项目时就打心眼里喜欢上了，只要听到鼓一响，就有使不完的劲头。"

郭其芳对团队中能有像三毛这样的新生代而感到欣慰。他忍不住回忆起1989年的那场摇快船比赛。要知道，当时就连召集村民组队参与都要费些周折。"要说过去摇快船参赛人员都是百里挑一，都是由身强力壮且熟悉水性、摇船技术极好的小青年担任。当时，能在每个乡镇拉出一支这样规模的队伍，无疑是痴人说梦。摇快船，不仅靠体力，还是个技术活，当时能够掌握这门技术的人不多，参赛选手中有老手也有新手，只能靠老将培训指导新手上路。"郭其芳感慨，就是从那时候开始，摇快船开启了"传帮带"之路。

59岁的朱德福也是摇快船的一名"全能型选手"。1989年的比赛上，他在岸边密切关注着摇大橹的父亲。"看到老父亲在竞渡,我就坚定信念,一定要从他的肩上接过传承的担子,要让我的下一代也能看到这种非遗文化的力量。"

凤豪鹏告诉记者,"现如今,林埭镇每个村都有快船队伍,有像郭其芳这样的老前辈,也有年轻人。同时,我们还与平湖市职业中专合作,打算成立一支学生快船队,做好传承与发扬"。

摇快船推动经济"快起来"

摇快船能从当时的星星之火,呈现为如今的燎原之势。这背后,除了郭其芳、朱德福、高建强这样的传承人外,更有一支"林埭铁军"为此奋斗,徐家埭村支书刘建群便是铁军的领军人物。

"1989年那场摇快船比赛,给当时不过十几岁的我留下了深刻印象。"刘建群站在牵浦塘标准赛道的河道旁感叹,对于这项非遗项目的挖掘、传承、保护和发展工作,他也在竭尽全力。

如何让摇快船孕育出新的生机,使情浓意浓的古老传统民俗风情充满青春的力量?刘建群一直在思考。彼时,恰逢林埭镇正在进行美丽乡村创建。何不趁着美丽乡村建设与非遗文化整体规划,通过美丽乡村建设与美丽非遗文化结合,打造响当当的摇快船品牌?"有了基地就能组织精彩的赛事活动,充分发挥非遗文化在'乡村振兴'中的作用,用非遗项目促进推动乡村旅游,让美丽乡村真正'活'起来。"

2017年,摇快船首次加入平湖西瓜灯文化节系列活动。从5月摇快船标准赛道建设项目动工,到9月西瓜灯文化节"龙乡快船"竞渡赛举行,只有短短百余日。"林埭铁军"咬紧牙关、迎难而上,展开了夜以继日的"百日攻坚战"。林埭镇投入大量人力、物力、财力,清理漂浮物、建设标准赛道、搭建观光平台、营造环境氛围……最终,全长共400米的"牵浦塘"非遗项目摇快船活动标准赛道如期完工。

比赛当日,队员们挥桨竞渡,前来观赛的游客将两岸围了个水泄不通。此外,十余万观众通过在线直播关注比赛盛况,甚至远在海外的同胞都来点赞,"龙乡快船"的品牌可谓一炮打响!

刘建群欣慰地表示,乘着美丽乡村建设的东风,让摇快船这一非遗项目成为水乡一道特有的风景线。"慕名而来的游人多了,就连当地的农场采摘项目也依托非遗文化收益翻番。'摇快船'变成了'摇钱树',为徐家埭村带来了真金白银,为乡村旅游开发增色生辉,让农民得到了实惠。"

(洪漩)

桐乡市八泉村：内外兼修　此心安处是吾乡

八泉村位于嘉兴桐乡市河山镇东南部，区域面积为5.05平方千米，总人口达3589人。一直以来，八泉村以农业和旅游为特色，是浙江省全面小康农村新社区和嘉兴市文明村。

说起八泉村，体育俨然成了该村的新标签。八泉村全年要组织几十场文体活动，如一年一度的"锦绣河山·毛家浜乡村马拉松"等，让村民受益的同时，不少慕名而来的游客也能参与其中，共谱和谐乐章。

从"叫不动"到"动不停"

入夜后走进八泉村，遍布在村子角角落落的健身设施几乎没有空闲的时候，尤其在村口毛家浜风情小镇前的广场上，村民们跟着领队踏歌起舞，个个神采奕奕，劳作一天的疲惫也随之消散。

村党委委员曹丽锋告诉记者，早些年村里可不是这番热闹景象。"一到晚上，家家户户吃了饭就自顾自回家看电视了，或者聚在一块儿打打牌。整个村子静悄悄的。"

当时城市已经开始兴起排舞热。农村比较保守，大家觉得跳舞会惹来闲话，村干部想组织排舞队参赛都难。彼时八泉村正好在创建嘉兴市文明村，同时建设美丽乡村，村干部决定借此机遇，提升村庄外在"颜值"的同时，加强注重文体建设。体育元素是创建文明村的加分项，因此，村委会积极组织开展体育项目，激发村民创享幸福新生活的热情。

从村民"叫不动"到如今"动不停",村干部可没少花心思。曹丽锋介绍,为能让妇女们聚集到广场上,挨家挨户号召。"每天我都扛着音响到风情小镇门口的广场上去跳舞,一开始只有五六个阿姨来响应。时间久了,慢慢人多起来,观念也逐渐改变,现在跳舞成了每天晚上的必修课。"八泉村成立了一支名为"魅力八泉"的排舞队,不仅在本村惊艳亮相,更是常常受邀走出村庄,进行交流比赛、切磋舞艺。"类似这样的队伍在我们八泉村还有很多,村民们因为爱好相聚,心和心的距离也在运动中被拉近了。"

2015年,八泉村文化礼堂建成后,人们茶余饭后多了一个好去处。设有老年活动室、棋牌室、排练室、健身室、图书室、电子阅览室等功能室的文化礼堂,成为集娱乐、休闲、学习、健身为一体的精神文化基地。这里俨然是村民运动的大本营,大家聚在一起闲话家常、一起锻炼,为体育爱好者提供了展现自我的平台,提高了村民们的精神文明面貌,还助推了美丽乡村和谐建设与发展。

激情跑"亮"乡村美景

八泉村每年都会组织几十场文体活动,要说其中最热闹的,非一年一度的"锦绣河山·毛家浜乡村马拉松"莫属。

桐乡市马拉松协会秘书长沈红浙介绍,河山镇一直是桐乡开展马拉松运动的活跃地,八泉村涌现了不少"跑马悍将",大家在全国各地跑得不够过瘾,甚至在家门口也组织起马拉松比赛。

2017年3月,"相约毛家浜"2017河山镇首届迷你马拉松比赛开赛。沿途一边是粉墙黛瓦的毛家浜生态度假村,一边是嫩黄翠绿的油菜花田,绿树包围下的乡村"赛道"充满了江南春天的诗意,跑友们纷纷对这条串联起沿途美景的线路称赞不已。

沈江浙就是首届的参赛者。他说,切身感受到了主办方在线路策划、赛事组织上的良苦用心。"不仅是一场全民运动的狂欢,更是一次展现锦绣河山镇、提升美丽八泉村形象的有效载体和平台。"线路充分将家乡美景融入这场新潮的迷你马拉松线路——沿着毛家浜风情小镇一路往西,途经文化广场、文化走廊、休闲垂钓鱼塘、房车营地和生态绿带,在油菜花田的映衬下,跑友们在跑步中不仅能锻炼身体,更能欣赏到美丽乡村如画的风景。

2018年,毛家浜乡村马拉松比赛再度开跑,沈江浙成为赛事组织者之一。此次在2017首届基础上增设半马,参赛选手翻了近一番,500多名跑者奔跑在独具风情的乡间小路上。

沈江浙认为,乡村马拉松比赛正是"美丽乡村"携手体育的具象表现,对内丰富

村民的生活、提高身体素质和文明素养，对外则让乡村萌发吸引力。

把体旅融合做成"招牌"

近年来，各地乡村依托资源优势，大力发展乡村旅游，拓宽增收渠道，八泉村也不例外。2014年12月13日，八泉村毛家浜风情小镇项目正式破土动工，标志着河山旅游开发项目实现零的突破，也让八泉村迎来前所未有的发展契机。

毛家浜风情小镇项目是桐乡市26个重点旅游项目之一，共规划四大功能区块，即以组装式休闲屋和会议中心为主要建设内容的休闲度假区；以滑草滑雪及相关配套服务项目为建设内容的室外运动区；以娱乐园、水上乐园、花草园、薰衣草观光园等项目为主要内容的综艺观光区；以生态科技、农业种植采摘为主要内容的农耕体验区。项目规划用地1380亩，工程分三期实施，一期建设总投资近2000万元。

走进风情小镇，一个名为"慕云恺撒"的房车露营地已经初具规模。风情小镇的管理人员陆柏松介绍，围绕风情小镇组织的马拉松比赛及桐乡市"清明轧蚕花"民俗会等活动吸引了不少游客前来。"毛家浜风情小镇利用自身生态优势，成为开展体育运动的'天然赛场'，通过'体育+旅游'的融合，让来到这里的游客能吃得好、玩得好、留得下。"陆柏松说。

八泉村发展生态旅游业有着得天独厚的优势，这里不仅有深厚的农耕文化，还有非遗蚕俗文化等资源。"体育+旅游"如一把钥匙，打开了八泉的致富之门，并引领着八泉村走上生态发展的新路。

（洪漩）

义乌市马畈村:"体农旅"擦出新火花

漫步在数百年历史的古祠堂,欣赏着精美的明清木雕,抬头就能看到巨大的摩天轮。在义乌市大陈镇,马畈村村民将一座"奇幻体育乐园"搬进了村里。在这里,古村落的深厚历史底蕴与"体育+"碰撞出乡村振兴的"火花"。

早几年,马畈村就是义乌市五个精品村培育对象之一。村"两委"带领村民筑堤修路、铺石筑景,修缮邵氏宗祠,创办文化礼堂,建设文化休闲公园,添置健身器材等公共体育设施,组建群众体育社团,成立义乌市马畈乡村旅游开发有限公司,规划建设马畈农业奇幻乐园,谋划精品体育业态村……全村上下和衷共济,使村容村貌日新月异。

一座农业奇幻乐园 开启乡村体育梦

马畈农业奇幻乐园已成为马畈村的"金名片",总规划面积1300亩,2015年5月正式对外营业,一期项目主要有跑马场风情自行车、玩具碰碰车等。

马畈村着力推动做好"体育+"特色村文章,加大休闲体育设施植入,光运动场地建设投资就超过了500万元。其中,投资160万元修建马畈乐园跑马场,投资280万元修建观光自行车道,投资18万元修建休闲射箭场地,投资150万元完成徒步登山游步道建设。另外,还投资修建了一片防滑抗震塑胶羽毛球场、两片篮球场等健身场所。

在这基础上,马畈村先后投资150余万元开展小溪皮划艇竞赛、千人彩虹跑、千人荧光夜跑、万人亲子马拉松赛、水上冲关等休闲体育活动,开展了指压板、撕名牌、

挖地雷、众人合吹气球等趣味性强、参与度高的趣味体育项目。好看、好玩的马畈村让游客流连忘返。

对外开放一年半间，马畈农业奇幻乐园净利润超 1000 万元，次年就拿出 150 万元给全村老百姓分红。随后几年的国庆等节假日期间，该乐园最高日客流量达 3.8 万人，7 天客流量可超 15.5 万人次，综合收入达 900 万元。马畈乐园已经成为马畈村带动村民致富的重要引擎。

三年赶超袁家村　五年实现马畈梦

以"体育+农耕文化"为特色的奇幻乐园，在建设之初并不被看好，因此面临资金和土地短缺等难题。"从衬衫代工的劳动密集型产业转型到发展乡村旅游，并非一帆风顺。"现任义乌市马畈旅游开发公司董事长、曾任马畈村支书钱江感叹。为了解决难题，马畈村成立了马畈乡村旅游开发公司，拿出乐园 40% 的股份用于筹措建设资金，这 40% 的股份分为 1000 股，每股 5000 元，共筹得资金 500 万元。同时，乐园 60% 的股份属于全体村民共同所有，鼓励村民将土地流转到村里，共同开发。通过股份制经营，由民间资金投资，实现风险共担、利益共享。

在乐园建设、发展和经营逐步步入正轨后，马畈村提出以陕西咸阳袁家村为标杆，向全村村民吹响了"二次创业"号角——"三年赶超袁家村，五年实现马畈梦"。为此，马畈村积极打造古驿道精品业态街，与全村 155 户中的 152 户正式签订了 20 年租房协议。签约农户主动把一楼房屋租给村里，由村旅游开发有限公司统一经营，头 3 年免费租用，后 17 年根据收入再决定租金。在古驿道业态精品街的建设中，马畈村民积极配合，展现了强大的凝聚力，这才有了农业奇幻乐园如今的热闹景象。

随着村里旅游产业的日渐成熟，村民也成了切切实实的受益者。钱江算了一笔账，乐园建成后给村里带来大量就业岗位，村民在乐园打扫卫生每月都能拿到 3000元的工资，而将土地流转给集体也可获得一笔收入。"赶上节假日生意好时，每日有近万元营业额。"村民楼国宝依托旅游资源带动做起了麻糍、米烙生意，他对村里的变化赞不绝口。

村民民主协商　凝心聚力建设新农村

一期项目运转、二期项目开发除向村民众筹，也将小部分对外开放股权认购，让更多人参与马畈的美丽乡村建设。"将这份'美丽'留住，得益于我们协商民主治理的新路径。"见证了奇幻乐园一路建设壮大、时任马畈村党支部书记的邵鹏坦言。

协商民主治理，一方面，马畈村成立青创会、农家乐协会、民宿协会等6家协会，协会会长和副会长根据行业存在的问题，收集社情民意，向村两委会反映，并开展平等对话；另一方面，将村划分为7个责任区块，开展党员网格化管理，做到党员联系群众全覆盖。这样，马畈村形成了两套协商网络，一个是"村'两委'—协会—成员"的协商网络，另一个是"村'两委'—责任区块—联系党员—农户"的协商网络，让村民的思想动态、生活情况、热点难点问题有畅通的反映和解决渠道，成为村级组织密切联系群众的有效途径。

"我们还将每月15日定为集中协商日。这一天村"两委"、各协会会长及副会长、村民代表和党员开展集中协商，总结通报马畈乐园运行情况，民主协商马畈村内各项事件。"如今，通过民主协商，马畈村已经形成了良性互动的干群关系。村里大事小事都是商量着办，让党员群众说了算，老百姓真正体会到了"当家做主"的感觉。

而在这个过程中，马畈村收集到了村民对体育发展的许多建议。"如果没有丰富的服务和体验项目，马畈村的旅游项目也就会没有生命力。而体育项目就是一个很好的载体，让游客们有更沉浸式的体旅融合体验。"邵鹏解释，从2018年开始，当地就逐步引入竞技体育、观赏体育、艺术体育、体育表演业，增加运动项目，提高群众参与活动的积极性，在农耕画卷中植入"体育力量"，努力实现体育旅游发展的多元化。

（朱郑远）

普陀区：一根钓竿走"四海"

与礁石做伴，与海浪共舞，在抛竿收竿间享其乐无穷……有"海上高尔夫"之称的海钓，近年来吸引着越来越多人沉浸其中。位于东海之滨的舟山市普陀区坐拥得天独厚的海钓乐园，推动这项运动的平民化、市场化，逐渐飞入寻常百姓家。

普陀区拥有面积500平方米以上的岛屿455个，其中有人居住的岛屿32个，涉及的岛乡渔村众多，是我省海岛数量第二多的县（市、区）。海洋特色体育项目中最亮眼的是海钓，该项目带动的不仅是这项运动，还辐射一连串产业链的形成与壮大。

海钓赛事打造经典品牌

近年来，普陀大力发展海钓体育特色，精品赛事数量上升，规格也不断升级。2015舟山群岛国际海钓精英赛、2017年浙江省首届海钓锦标赛暨两岸四地全国矶钓邀请赛、2018年首届舟山船东杯海钓邀请赛……名目繁多的赛事吸引着大批国内外海钓爱好者集聚。依托赛事，已培育出白沙岛海钓休闲旅游度假基地、朱家尖南沙滨海运动休闲基地、普陀人家生态运动休闲园、东海岸户外运动拓展基地、普陀国际游艇会等海洋运动休闲产业基地。

普陀每年都会举办多场不同规模及水平的海钓赛事活动。普陀还做了一套积分体系，各类规格的赛事有相应的参赛积分、得奖积分，参赛选手可以根据积分参评各级荣誉，以激发海钓爱好者的参赛热情，打响普陀海钓品牌的知名度。与此同时，以赛事作为支点，打造舟山海钓品牌金名片，撬动整个海钓产业链与旅游业融合发展。

在普陀海钓岛屿中,首提白沙岛。白沙岛成功举办多次国内外海钓比赛,知名度大幅提高,成为广大海钓爱好者的理想乐园。此外,东极列岛、虾峙岛也是享誉省内外的海钓胜地,星罗棋布的海钓区吸引了海内外海钓达人的青睐。据不完全统计,每年来舟山进行专业和非专业海钓的人数超过60万人次,随着海钓队伍的不断扩大,海钓俱乐部规模运作的模式也应运而生。2003年成立的舟山老狼海钓俱乐部已转型为普陀区海钓协会。2013年,舟山蓝海海钓俱乐部成立。2016年,普陀区鲁家峙中国普陀海洋文化创意产业园内,首个专业海钓文化基地开建并投入运营。这些海钓俱乐部或基地将以往散状的海钓队伍,集聚成正规、高端的海钓组织,持续推动普陀海钓向规范化、产业化发展。

海钓产业拓展岛屿生态

2018年,中国休闲垂钓协会矶钓分会在北京成立,舟山市钓鱼协会副会长、普陀区海钓协会会长徐斌立当选为第一届理事会执行会长。矶钓分会的成立意味着舟山有望成为国内外矶钓交流的集聚中心。普陀区以此为契机,通过举办国际化海钓赛事、推广海钓衍生品、打造海钓基地等,形成了可持续发展的海钓产业,走进了抛竿海钓"蓝海"。

海钓赛事具有全产业链的特性。如何延伸海钓产业链?徐斌立说,除赛事之外,海钓衍生产业也是一座富矿。位于普陀海洋文化创意产业园内的海钓文化基地,墙面上悬挂着一幅2017—2030年舟山海钓规划图,图中详细标注了舟山市各个海钓基地、码头、岛屿等。"利用鲁家峙得天独厚的地理位置,把全舟山最中心的海钓基地放在了普陀海洋文化创意产业园,海钓船艇的停靠、维修、管理都可以在这里进行,同时,这里也是普陀区增殖放流及海钓基地。"徐斌立介绍,每年约有60万人次来舟山海钓,其中休闲娱乐者占80%,专业钓手占20%。

记者在鲁家峙海钓文化基地了解到,这里具有展示、交流、交易、拍卖海洋文化产品的功能,还开办了售卖、租赁、寄存、维修钓具服务的钓具超市,以及不出海即可体验海钓精彩的海钓陆上体验区。"这些海钓衍生的行业,让普陀的岛屿生态丰富起来,拥有更长远的可持续发展力量。"徐斌立说。

海钓经济催生惠民创富

普陀海洋资源丰富,有很多天然钓场。白沙、东极就是全国知名的海钓之地,洋鞍大礁、东福大礁等一些水下暗礁群可钓鱼种占全国80%以上,令不少国内外热爱海钓的人士心驰神往，带来了无限商机。据悉，舟山普陀的海钓直接经济收益至少6亿元。

海钓不仅是一项运动，海钓产业更来自"武装全身的海钓装备"。目前，市场上销售的钓具品牌较多，价格从几百元到上万元不等，除海钓竿外，还有竿袋、线轮、浮标、救生衣、帽子、软式冰箱、偏光镜、矶钓服、防滑矶钓鞋等。此外，海钓也带火了普陀海蜈蚣等养殖业。海钓需要鱼饵和诱饵窝料，海蜈蚣正是最好的鱼饵，作为一种万能饵料，越来越受海钓者的喜爱，市场需求也在逐年增加，直接带动了渔村海蜈蚣养殖规模的扩大。

海钓产业还是一种集渔业、旅游、文化体育于一体的综合性产业，也是第一产业与第三产业有机结合之后细分出来的一种新业态。休闲海钓产业不仅是实现渔民和渔业生产方式转变的突破口，还将靠捕鱼为生的渔民转化为旅游服务业的人员。有的渔民"上岸"后，开办起"渔家客栈""渔家餐馆"，有的专门从事钓具经营，还有的则成为专业的导钓员，甚至还有专业从事海钓的。在普陀白沙岛（乡），海钓"元老"包力宏有口皆碑，作为见证当地海钓从无到有、从优到精的亲历者，包力宏感触最深："白沙乡因为海钓热闹起来。听海潮、吃海鲜、玩海钓，大批游客涌向这里。"游客的到来，让岛上众多渔家客栈迎来了一年中最繁忙的时刻。竺亚飞经营海潮渔家饭店好几年："以前男人出海，女人就织网补贴家用。开了饭店，效益更高了。"

如果放眼更远一些，海钓经济还涉及游艇、酒店业、海景房产、休闲娱乐，以及车辆租赁、船只租赁、登礁矶钓、船钓拖钓、渔排筏钓、海上食宿、海钓教练、海上浮潜等服务项目，借海钓的东风，富民之路正越走越宽阔。

（陈艳平　薛原）

岱山县秀山乡:"泥里来浪里去"的大梦想

岱山县秀山岛,这是一座位于东海之中传说中与蓬莱、瀛洲齐名的"仙岛"——方丈。小岛最出名的便是大文豪苏东坡为秀山写下的佳句"兰山摇动秀山舞,小白桃花半吞吐",秀山的潮水涨落、山影荡漾,被诗句描绘得淋漓尽致。

当下的秀山岛,最吸引人的不只是秀美的自然风光,也不只是灿烂的历史文化,还包括一项最时尚的运动元素——滑泥。

靠山吃山,靠海吃海,秀山岛的百姓除了海钓,也会用自制的工具在滩涂上采集贝类和鱼虾做食物,而这种岛上特有的日常劳动慢慢演变成了一项古老又魅力独特的滑泥运动,无数游客慕名而来。

生活技能演化为运动休闲

滑泥,顾名思义,就是在滩涂上进行滑行。就像滑雪需要滑雪板、滑沙需要滑沙板一样,滑泥则需要一种叫滩涂船的工具。东海岛民广泛使用的滩涂船是渔民在涂面采集贝类、藻类、鱼虾的工具。相传,在明朝嘉靖年间,滩涂船是抗倭英雄戚继光用来训练士兵追杀倭寇的载具。如今,这种滩涂船又被称作海马、泥橇,俗称滑泥板。这是一种前尖后宽、前翘后平的船形木板,中间有扶手档,尾部垫有软物。滑泥者单腿屈膝跪在海马尾部的软物上,另一腿向后踩泥,双手扶档,海马便带着你自动向前滑动。每蹬一脚,可滑丈许,小沟亦能穿越。如果想拐弯,则需要一些技巧,扶档的左右手和踩泥的脚要相互配合。

眼下滑泥运动已经演变成一种参与性广泛的民俗体育运动项目，它和滑雪一样，需要具备行、滑、转向等技能，掌握平衡、速度和节奏。在一望无际的滩涂，约上三五好友或带上家人，随着海涛声和海浪起伏的节奏在滩涂上滑行，滑泥的乐趣不言而喻。

陆根清是土生土长的秀山人，渔民出身的他是村里滑泥滑得最好的人。"十多岁的时候，为了讨生活，带着小竹管桶在滩涂上捉跳跳鱼，只有使用滑泥船，我们才能捉到。"陆根清说。泥滑作为从前渔民的一项生活技能，经过不断改良，如今趣味性也更强了。

"泥"的文章与"泥"的快乐

20世纪末，秀山乡利用生态资源，开展滑泥运动休闲活动，带动旅游业发展。2000年，新建了中国秀山岛滑泥主题公园，坐拥上千亩平缓滩涂，背依省级湿地自然保护区，区域资源优势独特，自然景色秀美。

"滑泥作为体育项目开展最早是在2002年。小规模试行过，反响不错，进而在2003年重新选址和规划，以便把项目推广开来。"秀山乡相关负责人介绍。

秀山最初筹建滑泥主题公园时，主要从两方面考虑。首先，秀山拥有丰富的海岛海泥资源，其中富含对人体有益的微量元素、氨基酸、矿物质等，对皮肤起到保护和杀菌作用。其次，又借鉴渔家传统生产方式，挖掘整理泥上速滑赛、泥上抓鸭、泥上拔河、泥上摔跤等活动。这些项目的开展，既提升了秀山岛的知名度，又推广了秀山独特地资源。

秀山岛滑泥主题公园的泥巴怎么玩？在这里找到完整版答案。泥上拔河、泥上摔跤、泥上足球；风帆滑泥、木桶滑泥、攀泥；泥钓、泥浴、泥疗等。最原始的，直接就是打泥仗；最摆酷的，全身涂满泥，摆出古怪的姿势，玩上了行为艺术；最实惠的，通过滑泥，去找滩涂上的田螺、辣螺、香螺、瞎眼螺、沙蟹去了，运气好的话，晚上和朋友共享的晚餐就全在这里了。

从2005年起，秀山每年都会举办中国秀山岛"我为泥狂"海泥狂欢节系列活动。作为传统体育赛事，以滑泥公园为主要舞台，设置真人CS、"绝地求生"等拓展类项目、妙趣横生的滑泥项目，以及浪漫缤纷的彩泥跑等。"围绕'泥'做文章，将秀山体育的独特性与趣味性彰显出来，把这样的'专属独有'做精做大，让全国的朋友感受海岛文化、海岛体育的魅力。"在时任县文化广播旅游体育局局长李仲仪看来，赛事不仅局限于体育，其带动的产业链非常广泛，从旅游到餐饮，从文化影响力到经济发展立竿见影，持续深化。像彩泥跑，不仅吸引本地群众和游客广泛参与，甚至连国内外的马拉松冠军也慕名而来，让这项赛事既全民化，又带点"星味儿"，群众与冠军同场竞技，彰显了激情与快乐。

秀山岛期待乘风起航

东海吹来的海风和海浪经过若干个小岛的缓冲，到达秀山岛滑泥湾内已是波澜不惊。沿岸的沙泥经过海水的冲刷，形成平滑的沙丘或滩涂，秀山岛的滑泥公园就是在滩涂上开辟的一个游乐场。清凉的海风，清澈的海水，平滑细腻的滩涂使这里成为游客夏季避暑度假最惬意的选择之一。

美丽的秀山通过其滩涂海泥的优势，以海泥为基础，开展开发了许许多多泥上运动比赛活动，吸引大量游客的同时也带动了经济。一方山水养一方人，随着全国各地游客的到来，秀山人的生活发生着巨大变化，就连祖祖辈辈在此晒盐种地的乡民都由衷感慨："自从滑泥项目搞起来，我们的日子越过越红火了。"

夕阳西下，潮水又一次渐渐退去，金黄的海岸线与泥潭构成了一幅美丽的画卷，前来的游客仍然络绎不绝，此时工作完一天的陆根清来到滩涂上。此时的他摇身一变，成了一名滑泥教练，踏着滑泥船向前来学习滑泥的游客传授技巧。在秀山，不仅是渔家还是村乡的干部，都在为滑泥这份产业尽心尽力，贡献智慧和力量。乡政府与肥皂公司合作，利用秀山的海泥开发出秀山独有的海泥皂，免费赠送给游客，尽兴之余还能带回纪念品。

虽然秀山的陆域面积只有22.88平方千米，但"小地方也有大世界"，秀山乡用泥的快乐，营造彩色的梦想，将海岛体育的魅力不断蔓延、拓展，从小岛启航。他们的目标在星辰大海。

（薛原）

临海市丁公园村：乡村致富梦是这样"飞翔"的

在临海市白水洋镇西北部海拔400多米高的安基山腰，有一座美丽的村庄。站在山间，云海触手可及，山景尽收眼底，睹赤峰山，揽黄坦景，炫彩官庄岭若隐若现。这里就是丁公园村。

层层梯田，春来水满田畴，如串串银链挂山间；夏至佳禾吐绿，如层层绿浪排苍穹；秋来姜黄稻熟，如座座金塔顶玉宇；冬至银装素裹，如环环白玉砌云端，美不胜收。可如今这番美景前人怕是无福消受，高山路陡让这里马帮文化盛行，当年家家养马，以马队运输为生，壮劳力纷纷外出走马，可谓是现代物流业的前身。

随着时代的变迁，走马日渐没落。当安基山滑翔伞基地落户，丁公园村看到了发展运动休闲旅游业的希望，曾经的"老马"也有了新的归宿。

基地落户　圆梦乡村"腾飞"

安基山是临海市白水洋镇的第二大高峰，海拔880米。独特的地理条件、优越的自然环境，为开展滑翔伞运动提供了良好基础。

其实，早在多年前就有滑翔伞运动发烧友到这里"野飞"，使其逐渐小有名气。2016年4月，白水洋镇借鉴浙江首家滑翔伞基地——富阳永安山的经验，把建设安基山滑翔伞基地提上日程。

2016年10月，滑翔伞基地首期工程竣工，包括飞场、降落场、停车场、通勤公路等基础设施。12月，举行白水洋安基山全国首届滑翔伞邀请赛，邀请到全国50名专业滑翔伞运动员参加。

一系列国际、国内赛事为安基山聚拢了人气，丁公园村也因此迎来了高光时刻。体育赛事带来的人流，让农家乐爆满，餐饮、住宿两旺。即使是非赛事期间，也有大量游客慕名而来，只为体验飞翔的感受。在村民们看来，人来了就等于消费的需求来了，大幅提升了村民们发展运动休闲旅游的信心。

村庄享受到体育带来的红利，体育赛事又有集聚人气的能力，相得益彰。目前，全村共有12家农家乐，近200个床位。原本全村1200多人中实际居住在村里的不到1/3，但自从旅游业兴旺之后，许多在外打工的村民返乡创业，开起农家乐和民宿，售卖当地的农副产品，在家门口做起了生意。

人们始终梦想着飞翔，安基山滑翔伞基地不仅让人们实现了飞翔之梦，更重要的是让丁公园村重新腾飞的梦想逐渐成为现实。

焕新涂鸦　老旧村庄换新颜

在丁公园村，一面面色彩鲜艳、生动形象的墙绘扑面而来，用流行的词来说，叫"涂鸦"。

自从决定走旅游强村之路后，整治村容村貌势在必行。不合规马栏、猪圈一律拆除，危房、老房进行妥善处理，村容村貌焕然一新。光干净还不够有亮点，通向安基山滑翔伞基地的农户，两旁的房子很多是露白的墙壁，不妨学习邻县天台金满坑村融入涂鸦元素？

很快，总面积达5000平方米的"涂鸦"工程开工，经过3个月的紧锣密鼓施工全部完成。恐龙、喜洋洋、蜘蛛侠、白雪公主……一个个色彩缤纷、形态各异的卡通形象，以3D画的形式，"跃"上丁公园村农户的墙壁。普通的农舍，在绘画艺术的点缀下，呈现出生机蓬勃的视觉效果。

旧马新用　马帮文化玩出新意

运动休闲旅游业的兴起，为丁公园村的"老马帮"找到了新归宿。马术本就是一项小众的体育运动，一直以来都被冠以"贵族运动"的头衔。因此，和马打了一辈子交道的"老马帮"发现了新商机。马不仅驮货，还可以载人，让游客们骑马赏景不是最好的选择吗？

于是，一条宽4米、长800米的林荫马道环绕官庄岭而建，马道外侧冬青林立，沿路花草遍地，游客在马道上"走马观花"，纵览官庄岭的美丽景色。

如今，原先村民家里的马栏已被拆除，马匹集中圈养。以前是马匹驮货赚钱，现在马匹主要用于游客休闲。村民李方益是"老马帮"，世代养马，如今他的白马就圈养在统一的马栏里，他和其他"老马帮"轮流值班，负责售卖门票。回忆年轻时外出走马的日子，满是辛酸："外面走马，帮人拉货，从白天拉到黑夜，虽然能赚到钱，但都是辛苦钱，非常辛苦。"现在不一样了，出售门票，让游客体验骑马，旺季的时候一天的收入等于原先走马三天。

（王宇怀）

"媒"眼看共同富裕

在发展建设共同富裕示范区过程中,浙江致力于破解山区26县、海岛2县的瓶颈问题。浙江体育充分利用山水资源,做活运动休闲,做强绿色经济,探索出一条独特的富民、强省之路。

从2020年开始,包括《人民日报》、新华社、中央电视台、中国新闻社、《中国日报》、《中国体育报》、新体育网、《浙江日报》、浙江卫视等在内的数十家中央、省级主流媒体多次聚焦浙江体育,他们走基层、访百姓、话民生,行程数千里,见证体育特色小镇如何成为"振兴乡村""高质量建成小康社会"的重要抓手;体验运动休闲如何让浙江乡村"动"起来、"乐"起来、"和"起来、"富"起来;以体育视角挖掘在红色土地上百年来的风云变迁;切身感受浙江体育人奋力打造共同富裕的体育示范的光荣历程,以体育为转化器的"两山"理念发展成果跃然纸上。

跟着记者"玩"遍运动休闲小镇

安吉县山川乡：在山川云上草原 看云卷云舒、人来人往

从杭州向北驱车1小时，即到安吉境内。安且吉兮，吉祥如意的县名。无意中，让人多了一份向往。

山川乡位于安吉县南部。顾名思义，有山有川曰山川。从名不见经传、经济薄弱的小乡，到"绿水青山就是金山银山"的实践地，山川乡用10年时间书写了自己的传奇。

云上草原，"浙"里的阿尔卑斯小镇

下了高速公路，很快就是山路。山穷水尽疑无路，转一个弯又豁然开朗。不断爬坡、不断转弯，崇山峻岭间会有惊喜吗？

惊喜总是在曲折的经历后。在山川乡政府附近的停车场泊车后，再从高家堂村坐摆渡车到山麓，换乘时长15分钟的索道，满目都是青翠的竹林，一望无际，令人陶醉。到了索道终点，画风突变：放眼是连绵起伏、广袤无垠的草原，占地有1000多亩。这里海拔1168米，是浙北第二高峰，与蓝天白云为伍。这里有个好听的名字"云上草原"，很形象。一片七彩滑草场，一片高山滑雪场，各占据着一个山坡。"省内最长、坡度最大。"云上草原景区总经理丁颢对此颇为自豪。从滑道上不时传来的尖叫声、欢

呼声，是对其自豪感最好的呼应。眼下是初夏季节，滑雪场变身滑草场，已是绿茵如毡，不少游客席地而坐，沐浴着温情的阳光。初级、中级雪道，两者相加达到8万平方米，是目前华东地区最大的滑雪场。在这白雪皑皑的原野滑雪、赏雪、玩雪，又是怎样的一种愉悦与激情呢！

一边是青青云上草原，另一边是悬崖峭壁。因势利导、依山而建，打造成极限运动的乐园。借助"石蜡烛""大卧牛"这样的山体自然风貌，因地制宜布局悬崖秋千、飞拉达穿越、凌空飞步等极限运动，以及水晶廊桥、天空之阶、云海栈桥等徒步道，几乎每处都排着长队等待体验。25岁的刘磊与他的两位同学，结伴从南京自驾3个小时直奔云上高原，抵达后流连忘返。参与体验、挑战的过程，被同伴全程拍摄，发微信、发抖音，刘磊说快乐应该与更多人分享。

"天知道，有多好玩！"这是云上草原的宣传语，也是每位参与体验后的玩家发自肺腑的心声。山川乡旅游度假区总工程师司冬歌充满诗意地说："这，是'浙'里的阿尔卑斯小镇。像，像极了！"

浪漫山川，充满了阳刚与"雨露"

山上的云上草原运动场与山下的国防户外拓展基地，是目前山川运动小镇重要的两大板块，两者遥相呼应。

国防户外拓展基地所在的大里村，地处一个小盆地内，四周都是山，形成了天然"聚宝盆"。军人出身的姚培高，转业后打算创业，寻寻觅觅中找到了大里村，他的想法与大里村的规划不谋而合。很快，利用原来抛荒的田地，建起国防户外拓展基地，设施设备包括仿真雷场、射击训练场，引入运载火箭、防空导弹、火箭炮、高射炮及两栖坦克等仿真装备。这座户外拓展基地的独特性在于，将体能训练、团队建设、爱国主义教育融为一体，传承红色基因，传播军旅文化。因此，很快得到众多拥趸。最多时，年接待接待游客近10万人次，包括青少年学生的军训、公司白领的团建，已成为远近闻名的户外运动基地。"创业之外，还解决了退伍军人的就业问题。团队中，95%是退伍军人。"姚培高自豪地介绍。

浪漫山川充满了阳刚之气。当然，对于大里村及其村民而言，则是"雨露"。村党总支书记、村委会主任应忠东介绍，以前还是集体经济薄弱村，自从引进这个户外运动项目后，成为"百万元户"——2018年村集体经济收入260万元，2019年突破355万元。村民不仅能享受红利，还通过开办民宿、农家乐，出售农产品等方式改善生活，人均收入已从当初的2万元翻番为4万元。

青山绿川，挖掘更大的"金矿银矿"

姚培高说，他的目标是打造全国一流的军旅文化企业，军事研学、旅游、体验、拓展与培训在这里深度融合。尝到甜头的大里村也有新目标，在引进军事拓展训练基地后，准备把摩托车赛事、水上运动项目在这里安家落户。通过运动休闲产业的集聚，更好地体现"聚宝盆"的价值。

更大的手笔，则是在云上草原景区。在一期投资10多个亿、占地5000亩的基础上，二期的索道全长2.4千米，高差807.5米，单向交通量1500人/小时。原本每天的最大承载量只有3000人，经扩建后达到1.5万人，解决了交通瓶颈这个最大的难题。同时，配套民宿包括悬崖酒店、星空酒店、城堡酒店这些高端配套设施，也都极大地提升了运动休闲项目的品位。

山川乡政府负责人介绍，通过引进、培育、共建、规划的运动休闲优质项目达29个。游客来了，老百姓也坐不住了。如今，全乡已经开放各类民宿140余家。山川的乡里乡亲，不当老板就当员工。"云上草原景区有300多名员工，一半以上是附近的村民。随着规模扩大，招收的员工数量还会增加。"丁颢说。

山川的老百姓已笑弯了腰。"茶叶季、竹笋季已经过去。按照以往'靠山吃山'的传统，现在就应该进入农闲了。但是如今却是一年忙到头。"高家堂村村民张敏华如是说。

（陆一帅　郦琪琛）

德清县莫干山镇：莫干山俯拾皆是运动

"如果你想要一个岁月静好的假期，那么莫干山上有上百家民宿可供选择。如果你在放空之余，还有点蠢蠢欲动的精力，那莫干山同样也能满足你。"沈耀腾，德清莫干山国际旅游度假区管委会副主任，他的这番话像是朗朗上口的"广告语"。

德清莫干山漫运动小镇，这名字乍一听很"散漫"，实际上"漫运动"正是其核心主题——立足"国际知名运动休闲胜地"和"长三角高端运动圣地"的战略定位，结合"洋家乐"高端乡村度假业态，提供国际、高端、时尚的运动体验，让喜爱户外运动的游客，来了不想走，来过还想来。

竹海莫干山，山水之间俯拾皆是运动

和安吉山川运动小镇"鬼斧神工、得天独厚"的地理优势相比，莫干山漫运动小镇则显得更为"平易近人"。以小镇为核心，各类运动场馆、设施星星点点散落其间，或落在不经意的山坳坳中，或布局于修竹满山、绿荫环径间，甚至可能降落于山塘水库中，一切都是那样的自然，丝毫没有那种不必要的雕饰之美。

Discovery探索极限基地在户外运动界颇具名气，虽深藏在山坳坳中，然而当大气、高端、惊险刺激的攀岩墙、丛林滑索、高空网阵等大型设施出现在眼前时，扑面而来的第一感受岂止是震撼。矗立于半山腰的攀岩墙，是目前中国高度的NO.1；6条登山徒步道，保持原生态状态，健身与科普相结合，分别适合于亲子体验或挑战徒步攀登；高空网阵大有将武林八卦阵，从古代搬到当下的神秘感……难怪，来自北京的李女士自驾 1300 千米专程赶赴这里深度体验。"确实不虚此行。"李女士一家对 Discovery 探索极限基地情有独钟,在这里度过充实的两天。她的两个孩子,一个 9 岁,一个 6 岁,小儿子在高空网阵上大哭不止,哭完又坚持冲关,李女士一直都在鼓励,她说运动是锤炼意志、提高体质最好的手段。

离 Discovery 探索极限基地相距 5 分钟,有一座劳岭水库。这座占地 1 万平方米的水库,存在半个多世纪了,之前的使命是农田水利灌溉。不过,从去年开始,这池水"动"起来了。户外爱好者蒋章鹏是莫干山土著,这位 90 后的小伙子引进休闲皮划艇,成立了朗途皮划艇基地。泛艇湖上,游客在体验新鲜的同时可以彻底放松身心。让蒋章鹏感到意外的是,光是接待民宿的客人,一年就达到 1 万人;另外,平均每天还有两批次团建团队。"我最大的爱好是登山,每年都会跑欧洲、新疆或西藏,父母很担心安全问题。现在,算是寄情于皮划艇运动,同时还有经济上的收益,挺开心的。"蒋章鹏说。

坐落于何村村的久祺国际骑行营,深藏在竹海中的骑行赛道,已是长三角骑行发烧友的重要目的地。不仅接待散客、团队,也承办各类赛事。随着人气越来越旺,已有配套的酒店,还因地制宜打造了帐篷酒店基地,白天骑车,晚上数星星,别具浪漫情调。

传承百年体育基因,让"叶子"变"票子"

莫干山是中国著名的避暑胜地。鲜为人知的是,这里还是近代体育的发祥地之一。莫干山的体育基因,有着百年的传承与弘扬。在莫干山上,100 多年前就建有网球场、游泳池,外国人还在这里办过运动会。20 世纪三四十年代,上海社会名流将莫干山当作"后花园",建起大批的时尚建筑,上海的海派文化,包括体育运动对莫干山的浸润与影响十分深远。至今,这里还保留着蒋公道、紫岭、莫干岭、梅皋坞等登山步道。

一脉相承。到了 21 世纪初,2007 年南非的骑行运动爱好者高天成(中文名),到了这里便留下不走了,开办了著名的"洋家乐"。目前,莫干山的民宿床位已突破 1 万张,而"旅游+体育"体验者是其中最大的客流。

运动休闲,让竹子的"叶子"变成了老百姓口袋里的"票子"。在莫干山可体验的运动休闲项目多达 20 多种,赛事也应运而生。7 年前,小镇开始尝试举办户外运动赛事,莫干山竹海马拉松、凯乐石跑山赛、浙江省户外运动大会接连落户举办。同时,自主培育了首个 IP 赛事——"侠客国度"国际障碍挑战赛,每年吸引全球近万名参赛选手。体育赛事的消费,不仅是吃、住、行、游,还包括装备、医疗、补给等,这些都让当地老百姓看在眼里、乐在心里。

"户外+",也是着力书写的文章。以连续举办6届的莫干山赏花节为例,主办方把热气球、高空网阵、直升机、骑行、瑜伽等"漫运动"体验与之融合,为赏花节增添了不少的活力与灵动。近年来,就连开幕式的方式也变了,取而代之的是一支百余人的上海户外团走进莫干山镇,以"毅行+赏花"的全新方式认识莫干春景。

2019年,小镇生态休闲旅游产业共接待国内外游客250.6万人次,实现旅游综合收入26.2亿元。其中,体育产业基地接待量达6.5万余人次,实现产值3500万元,带动旅游入住率提升10%;赛事带来客流超过5万人次,"如果按每人每跑1000米报名收费8元计算,已远远高于大城市出租车打车费。"沈耀腾言语间颇为自豪。

点赞莫干山"徐霞客",吆喝好山好水好运动

推荐莫干山的好山好水好运动,主体不应该只是政府,而更应该依靠市场规律。为了让更多游客以运动的方式认识莫干山,百年以来从来不缺乏为此不遗余力吆喝的莫干山"徐霞客"。来自南非的高天成是"徐霞客",来自上海的夏雨森也是。

一脸络腮胡子的他,是镇上"岂遇运动民宿"的主人。夏雨森是户外运动发烧友,与高天成一样,以运动的方式来到莫干山后再也不走了,现在已经举家从上海搬到莫干山落户。除租赁民舍,开办700多平方米、拥有14个房间的运动民宿外,他最重要的身份是莫干山好山好水好运动的"民间推广大使"。夏雨森发起成立了莫干山运动联盟,每个星期至少5天以上组织开展户外运动,包括户外瑜伽、骑行、徒步登山、跑山、皮划艇、攀岩、运动摄影等。他说,以运动认识莫干山,是认识莫干山最正确的方式。"莫干山独特的魅力,只有在运动中才能更好认识。莫干山值得每位运动爱好者留下来。"夏雨森的话,又是一句广告语。

(陆一帅 郦琪琛)

桐庐县瑶琳镇：户外运动"预见未来"

"20世纪八九十年代，全国人民大多都听说过瑶琳仙境，但不一定知道桐庐。"桐庐县瑶琳镇副镇长胡飞的介绍，带着自豪，也有一些失落。

1980年正式开放，已年届"不惑之年"的瑶琳仙境景区，曾经是中国旅游的标杆。鼎盛时期，年接待游客126万人次，被誉为"全国县级旅游之冠"。然而，随着传统观光旅游式微、交通更为便捷、转型升级赶不上趟，瑶琳仙境成为"过境游"。"一转一看，一脚油门就走了。不要说住宿经济，就连吃顿饭的消费都不多，只留下最传统的门票经济。"胡飞说，这就是残酷的现实。

守着好山好水，反倒过上了"穷日子"。怎么办？瑶琳旅游必须转型升级，这是共识。借一双户外运动的翅膀，喜见桐庐瑶琳旅游重新振翅高飞。

老朱"点石成金"的奥秘

离镇上两公里的桃源村，果然是个"世外桃源"，屋舍俨然、落英缤纷。60多岁的朱伟良，是这里的土著。他是一个追赶时代潮流的商人，瑶琳仙境刚开始红火，他就搞起了旅游生意。现在，眼见着风向标变了，立马着手转型升级。

老朱称得上是瑶琳户外运动的"鼻祖"。2000年，他在上海接触到一批从事户外运动的游客。听说他们到处在寻找适合从事户外运动的基地，老朱就把他们带回了村里。紧挨桃源村的纪龙山神仙峰，高不过百十米，草木葱茏、山石峥嵘。之前开采过石矿，形成了悬崖峭壁，再加上一些天然形成的溶洞，让上海客人欣喜若狂，果然是"山不在高,有仙则名"。

记者到访时,老朱的纪龙山神仙峰运动休闲旅游基地已经颇具规模、远近闻名。利用岩石地形,开设户外救援、高空攀登、飞拉达等项目,山顶还有可以容纳500人的露营基地;利用天然溶洞,还搞起了"溶洞探险"。他自豪地竖起手指头:年接待户外运动团建的人次达到8万。点石成金,收入相当可观。2020年疫情发生,一度暂停接待游客。老朱也没闲着,开山造路,投资100多万元,上马"悬崖秋千"项目。老朱调侃说,这也算是抗击疫情的自救行为。"疫情总体向好稳定后,我们又恢复了团队预约,还接待过300人的团建。"老朱对前景依然看好,之前已经建有600多张床位的军训宿舍,现在也打算扩张。

一家电梯公司的"逆向思维"

在瑶琳镇开门见山,不只是桃源村的"专利"。全镇16个村,这是每个村的"土特产"。桃源村与老朱的尝试启迪了更多有远见的村民。目前,全镇的户外运动拓展训练基地多达8个,形成规模效应,体旅结合成为瑶琳镇旅游经济的新亮点、新招数。

结合地形地貌,镇里因势利导,分别扶持发展攀岩、飞拉达、房车营地、溯溪、漂流、溶洞探险等户外运动,形成错位发展格局,有利于形成良性竞争。借助户外运动的翅膀,瑶琳旅游已经重新展翅高飞,2019年接待游客128.1万人次,同比上升6.1%;旅游收入8210万元,同比上升6.8%。这些数据背后,以户外运动为代表的体育旅游有着重要贡献。

桐庐着力打造瑶琳山地拓展运动小镇,也启迪了一家电梯公司老总。这是什么"梗"?

霍普曼是一家电梯公司,老总叫宓荣根。作为招商引资项目,十几年前从杭州来到桐庐瑶琳镇。他敏锐地发现了瑶琳山地拓展运动小镇的短板:刮风下雨、酷暑寒冬,户外运动怎么搞?这一思考,让宓荣根豁然开朗,也很快抓住了机遇:把拓展训练引进到室内。这就是大胆的逆向思维。

夏初,刚刚入梅的桐庐大雨倾盆。这样的天气,自然不适合从事户外拓展训练。不过,霍普曼体旅小镇依然人声鼎沸,来自叶浅予中学的数百名初三学生,正在这里搞一次团建。带队负责人说,团建活动很有意义,既能提高身体素质,又缓解了中考前的压力。

霍普曼体旅小镇,光是"拓展馆"就占地7000平方米,建筑面积超过2万平方米。之前,是闲置的厂房。现在,把真人CS、攀岩墙、蹦床、缅甸桥、高空断桥等运动设备都搬了进来,避免了日晒雨淋、风吹雨打。与瑶琳镇其他的户外拓展基地形成互补，实现合作双赢。就连2018年亚洲山地户外拓展挑战赛，这里也是主会场之一，接待了3000多人，并荣膺亚洲休闲体育旅游行业"体旅产业最具潜力机构"。

作为商界翘楚的宓荣根，思维常常脑洞大开。拓展馆只有少量的专职员工，只要有需求，"电梯公司的员工，工作装一换就能顶上去"，共享员工大幅降低了成本支出；室内攀岩墙背后装有电梯、研学宿舍装有电梯、工业旅游展馆装有电梯，"电梯是霍普曼的'土货'，体旅小镇实现公司产业转型升级的同时，还是最好的宣传与广告。"宓老板真的够精明！

显然，"一招鲜"让宓荣根尝到了甜头。现在，他又把厂区的一些闲置土地、水域打造为户外拓展基地，竹林里布局射箭场，草坪上搞露营与野炊基地，还有800平方米的水上冲关项目正在建设之中。所有项目的设计图纸他都亲力亲为，很显浙商执着本色。

"瑶琳模式"的推广与复制

"八山半水半分田"，山多地少的桐庐县，发展运动休闲有着先天禀赋。瑶琳旅游的华丽转型，让更多山区镇乡看到新希望。瑶琳镇作为先行试点，又捷足先登争取到了杭州2022年亚运会马术项目的承办权。这项绅士、高雅的运动，借助亚运会东风，或推动瑶琳户外运动的再升级、再转型。

与瑶琳镇相距几十公里的合村乡，山更多，也更高。利用资源优势，也在打造省级运动休闲乡镇。冬滑雪、夏漂流是其最大特色，而正在建设的滑翔伞运动基地，则逐渐形成水陆空立体的运动休闲格局。

（郦琪琛　陆一帅）

淳安县石林镇：湖光山色，运动风景独好！

全镇 8 个行政村，5022 人，人口不如大城市的一个社区。镇域面积 144 平方千米，比杭州主城的上城区、滨江区相加还大。

这个镇就是淳安县石林镇。靠山临湖，还有万亩竹林。在镇里有这么一句顺口溜："养儿子不如种竹子。"不过，这是以前。这些年竹子不值钱，石林的老百姓愁眉苦脸。而现如今，在这座小镇，见到的是一张张笑脸。

短短几年间，是什么让石林镇发生嬗变？石林镇党委书记徐涌一语释惑：运动，让湖光山色的风景这边独好！

缘起：千艇竞风流

秀水千岛湖，不仅是最负盛名的湖泊景区之一，同时还是中国皮划赛艇运动最重要的训练基地之一。

20 世纪末，浙江皮划赛艇队率先进驻。不久，全国各省市的队伍，乃至国家队都盯上这块风水宝地。来的队伍多了，水上训练基地散落千岛湖各个角落，其中石林港湾就是重要的据点之一。

10 多年来，"千艇竞风流"就是石林港湾一道流动的靓丽风景线。河北、河南、陕西、大连及韩国、哈萨克斯坦等 10 多支中外皮划赛艇队，一到深秋像候鸟般纷纷南迁，陆续来到千岛湖冬训。鼎盛时，在石林镇的运动员超过 1000 人。他们在这里租赁各式房屋，做宿舍、改教室、砌厨房。原本平静的石林镇，一下子变得喧闹起来。尤其到了春节前后，不少家长也来到小镇，陪孩子一起过年。此时，南腔北调充斥在石林的山水之间。到了春暖花开，这些"候鸟部队"又陆续返回，石林港湾恢复了昔日的平静。

"石林"由此名声远播，除运动员的口口相传，还有摄影爱好者的影像传播。千艇竞风流的场景，让石林港湾成为摄影发烧友的网红打卡点。连同石林的秀美风光一道被广而告之。

愿景：山动水也转

然而，徐涌并不满意。毕竟，"候鸟部队"带给石林的热闹只有冬春两季。什么时候石林港湾四季都能"转"起来？这是愿景之一。

愿景之二：由喀斯特地貌形成的"石林"，是淳安县第一个旅游景区。当"看山看水"旅游时代渐成过往，这里已是门前车马稀。怎样让山也"动"起来？

山好水好的石林镇，接待过无数批次的投资客。"有多少土地可供开发房地产？"几乎所有的商人，都带着这个问题。当得到明确的否定回答后，一批批投资商沮丧而回。

北京泛华体育，前后8次来到石林考察。终于，这桩千里姻缘一"水"牵，石林启动了国家级运动休闲小镇试点。

这家公司在石林注册成立了"和邑体育"，专注于做山水户外运动。董事长姜胤浩曾是阿里巴巴菜鸟网络的副总裁，热爱运动的他决定在石林开启"人生下半场"，举家从北京搬到这里。他提出了一句口号：用体育精神倡导健康快乐人生。

每年，当结束冬训的各皮划赛艇队陆续返回后，就是和邑水上运动俱乐部登场的时候！在石林港湾码头，停泊着休闲皮划艇、桨板、龙舟、游艇。这里甚至还可以考潜水证。运营主管狄狄介绍，6月已经预约十五六批次的团队。其中，有一家上海的单位预订"四日运动游"，狄狄与伙伴正抓紧制定个性化日程，"水上运动、篝火晚会、露营、漂流、汽摩运动、飞拉达、休闲游湖等，体验参与10多个运动休闲项目后，肯定能让团队回味无穷。"狄狄显得很自信。

除和邑水上运动俱乐部，高山上的西岭村被打造成汽摩运动公园。依据山地资源优势，既没有大拆大建，也决不破坏生态，在山道上修建成全地形车、越野车、摩托车赛道。只要天气晴好，这里始终是机器轰鸣、人头攒动。

和邑体育点石为金的妙笔，给了石林山水、石林旅游新启迪。一条山间溪流，在筑坝、围栏后，形成"仙人谷"漂流，全长2.9公里，12道坝，水流湍急、落差大，漂流更刺激。

观光型的石林景区也"坐不住"了。从 2019 年开始，与上海一家运营公司合作，借助喀斯特面貌的地理优势，把玻璃栈道、尼泊尔怕怕桥、高空飞拉达引入景区。从原来的"看山看水"到现在的"玩山玩水"，老景区激发出新活力。国庆长假，日均接待游客从平时 300 人暴涨至 5000 人。运动休闲设施设备的投入，"要不了几个国庆长假"就能收回。

愿望："钱"景无限好

四年多时间，石林共吸引超 2 亿元社会资本投资兴业，成立 6 家运动俱乐部，建成运营 20 余个运动项目。一组旅游数据佐证：2019 年，石林接待游客 80 万人次，实现旅游经济总收入 7500 万元。

有别于传统的"千岛湖旅游"，运动休闲逐渐成为石林旅游独树一帜的特色。右手千岛湖港湾，左手喀斯特石林，自然禀赋的独特性、不可复制性，让姜胤浩对前景看好，他投资的产业链也不断在拉长。和邑体育租赁了镇上一座闲置的敬老院，改建为和邑运动休闲酒店，还有自己的餐饮等配套项目。

运动休闲旅游的兴起，对全镇经济都起到纲举目张的作用。全镇 8 个行政村都是受益者。村集体经济水涨船高。石林也是淳安第一个达到"消薄增收"满堂红目标的镇乡。现在，镇里动员各个村入股，在镇上开出"农产品一条街"，既让山货湖鲜快销多销，也让各个行政村的集体经济盆满钵溢。除此，镇上、村上悄然开出了 30 多家酒店民宿，农家乐达到 80 多家，农民在家里就当上了"老板"。

徐涌高兴地说，石林镇的顺口溜变了："养儿子不如种竹子，种竹子不如当厨子！"

（郦琪琛　陆一帅）

柯城区九华乡：灵鹫山上的"森林体育"新样本

在衢州九华山新宅村家门口开农家乐亏本后，沈银城一度想放弃。"或许出去打工是更好的选择"，他甚至做好带着家小出去闯的准备……谈及往事，沈银城很是感慨。"现在彻底断了这个念头，开农家乐还是蛮赚钱的。"让沈银城由忧转喜的，是因为家门口大荫山丛林穿越探险乐园的开办。

开园以来，大荫山丛林穿越探险乐园已累计接待游客超 30 万人次。这 30 多万人次吃与喝，沈银城自然能分得一杯羹。

这座探险乐园是柯城区灵鹫山国家森林运动小镇重点打造的项目之一。比其体量还大的，有投资百亿元的汽车运动城、投资 30 亿元的高空极限乐园……通过运动休闲这一新兴产业，柯城 2019 年已经创造旅游收入超 5 亿元，带动农民增收近 2 亿元。

从"丛林茂密"到"丛林穿越"

青山下、溪流边，潺潺溪水伴着游人欢快的笑声。尽管当天小雨阵阵，但探险乐园依然游人如织。举目望去，滑索、树顶步行桥等运动设施遍布林间，人在树林上方行走，与自然亲密接触。

5 年前，提及大荫山鲜为人知。这里是当地森林资源保护最好的地区之一。不过，很长时间以来"靠山吃山富不了"。由于没有进行合理开发与利用，九华是经济相对欠发达的乡镇之一。

"不是没想过办法，发展过乡村旅游、种植经过济作物。"沈银城摆摆手，走错道、跑断腿,"客人并不买账"。

一次偶然的机会,乡里找到原省旅游局的规划处长何思源。这位有着多年旅游策划经验的"老兵",在实地考察后,给出了一个良方:森林体育。带着这一命题,九华重新审视自身资源。当地严禁上山砍伐,因此在核心区块,留有数百棵大树。能否在不破坏树木的基础上,引进"丛林穿越"?在全国,此类项目屈指可数。

2016年,九华乡正式牵手法国丛林穿越冒险公司,第二年夏天就成功开园。因为够新、够奇、够特,果然一炮走红。根据协议,项目所在的新宅和源口两个村,每年不仅能分得10万元租金,还能获得5%的利润分红。

由点及面,打造出"运动小镇"

丛林穿越项目的落地,为九华打开了一片新天地。

2017年,国家体育总局启动运动休闲特色小镇建设。能不能趁热打铁、由点及面,打造出一个森林运动小镇来?只要敢想、敢做,没有办不到的!很快,九华成功入选国家首批96个试点名单,且是浙江唯一的森林运动乡村品牌。

为何能一鸣惊人?为推进"小镇"建设,区里抽调精兵强将组建工作专班,全区上下联合作战。确立规划后,"小镇"不再局限于九华乡,而是放眼更大地域,涵盖4个乡镇、140平方千米,形成"3个主题运动区+2条森林穿越小道+2个康养配套区"的框架体系,名字也更加响亮:灵鹫山国家森林运动小镇。

近年来,小镇相继举办了不少赛事。在国际森林汽车穿越大赛举办期间,23岁的危阿宁突然意识到,土生土长的小山村一夜间成"网红打卡地"了。上铺村位于徐莫岩路赛道的起点,因比赛汇聚大量人流,越野车的轰鸣声混合着热浪扑面而来,这一切让村里的几个年轻人,感受到了久违的活力和希望。"长这么大,从没见过村里这么热闹过。"危阿宁激动地在微信群里留言。这些年小镇举办的赛事,如全国森林极限运动会、森林马拉松、江浙沪马帮越野挑战大师赛等,受到大批户外极限运动爱好者的热捧与追随。

"赛事和项目已形成良性互动。仅两年的时间,小镇就与12家企业达成协议,三大主题运动区的核心项目已全部落地。"小镇办主任周小玲告诉记者,举办赛事带来新的驱动,资本引入就将水到渠成。

运动赋能,农民也能成"网红"

资本来了,产业兴了,但资本如何更好地赋能乡村?九华乡给出的答案是:让农民

从台下的看客，变为台上的主角。

在新宅村的"滑鼠森林之家"，一本本红色的《不动产权证书》引起大家注意。两年前，柯城在九华乡、沟溪乡、七里乡等地试点推进农村宅基地所有权、使用权、资格权"三权分置"改革。以此为契机，与上海的乡伴文旅集团共同谋划民宿发展新模式。新宅村是"村民宿集"的首个试点，吸引了10户村民参与，通过整合利用农房闲置空间，设计了100多个床位，签约农户每年合计可收租金16万元。

"我是06栋主人郑华珍，院子里有一棵近300年的樟树，夏天可三五成群在树下扎堆乘凉……"如今，走进"村民宿集"，游客可根据房主信息选房入住。从宁波返乡创业的郑华珍，是这家民宿的主人，她把自己空闲的二楼出租，又在一楼开起小超市，一年收入就有6万多元。"这才刚开始，随着中国运动汽车城和奥陶纪景区的落户，我们能做的还有很多。"郑华珍信心满满。

（郦琪琛　陆一帅）

看"浙"里,运动振兴乡村

天台县后岸村:体旅振兴乡村的"后岸模式"

天台县街头镇后岸村,依山傍水,先天禀赋还是不错的。相传,唐代诗人寒山子隐居于此,村里的山石如千万将士排兵布阵,形成"十里铁盔甲"的无限风光;天台的母亲河始丰溪绕村而过。

风景不错,但人气并不旺。上百年来,这个村以开采石矿为生。"卖石头"效益好,20世纪90年代,这个人口刚到千人的小山村,集体经济已达到24万元,后岸村也因此有着"小上海"的美誉。不过,赚钱需付出健康甚至生命的代价。采石矿会引发石硅肺病,从业人员疾病缠身,职业病导致相当一部分壮劳力英年早逝。

21世纪初,村集体研究决定:果断关停所有的石矿。没了石矿,吃什么、喝什么?后岸村从先进村,慢慢变为了"后进"。不过,村里很快找到了一条绿色、健康、可持续发展的致富路。

2009年底,村里召集回乡打工的乡亲开茶话会,主题就是"怎么样让村子富起来"。七嘴八舌中,形成较为一致的想法:借助好山好水的资源,大力发展乡村旅游。乡村旅游要有内涵、有特色,才能不断吸引游客。这时,后岸村打出了一张"体育牌"。

2011年,村里造了一座气排球馆。说是"馆",其实是因陋就简的风雨气排球场。次年,该馆居然承接了全国气排球邀请赛。这次的热闹,至今很多村民还记忆犹新:前后持续半个月。来自全国各地的138支队伍分为两个批次,每批次除抵离时间不算外,比赛4天，旅游2天。村里刚刚兴起的民宿一床难求，农家乐一天翻桌多回才勉强接待得了，农副产品更是一抢而空。

这次的热闹，也让后岸村发展乡村体育旅游的信心倍增。村党总支书记、村委会主任陈文云十分精明，他组织村民组建2支气排球队、3支门球队。这些队员，平时与游客打友谊赛、交流赛、邀请赛，甚至只是单纯的"陪练"。同时，也鼓励村里的运动队走出去参加比赛。"'友谊第一，比赛第二'，我们的队员出外参赛，承担的最重要的责任是推介后岸好山好水，推介后岸的体育旅游。"陈文云坦言。当然，陈文云等村干部也身先垂范，经常率队前往长三角地区的城市招商引资，上海，江苏的南京、苏州、镇江，以及省内的杭州、宁波等，都是开拓市场的重点城市。

如今，后岸村已是全国气排球赛的重要目的地。除了气排球运动外，又在尝试打造全国乡村重要的垂钓、地掷球基地之一。

后岸村共有82家农家乐，2200余张床位，由村里统一管理，统一定价。2020年，村集体经济收入破500万元，村民人均收入近6万元。"全村接待的游客中，50%左右是奔着运动健身而来。"这一串光鲜的数字面前，陈文云笑得特别开心。

后岸村的气排球馆，俨然已成为村里的"聚宝盆"。陈文云说，无论承办任何赛事，村里都不收一分钱。不过，每年这座气排球馆至少可赚30万元。这又是怎么回事？原来，只要是来打球的，由村里统一安排住宿，分散下榻在各家民宿。村里从每位入住的"体育客人"每天的餐宿费用中收取7元管理费。变零为整、积少成多，全年这笔收入达到数十万元。

后岸村的生活不仅是幸福与美满的，而且实现了每位村民的共享。曾是省拳击队队员、2009年山东全运会银牌得主陈红委，与胞兄一起双双回了老家，开办民宿与农家乐，日子过得红红火火，"家里有车、城里有房"。街头镇党委书记余忠海说，"后岸模式"已经惠及全镇，"周边几个村的有机蔬菜、农副产品不用远销，光是给后岸村都供不应求"。

体旅振兴乡村的故事，在后岸村不断书写着新的篇章。县里推行的"体育委员"机制，帮助村里进一步推进体育场地建设、赛事组织、队伍组建。2020年，全省生态运动会天台站也落户后岸村，来自全省的运动爱好者在这里比拼气排球、角逐公开水域游泳，以及开展越野跑竞速等。

"后岸模式"被县里选树为标兵。以乡村体旅、生态康养为载体，以后岸村为原点，辐射街头镇及相邻区域总规划面积23平方公里，项目涉及登山、游泳、漂流、骑行、越野摩托车等，正谋划乡村体旅组团发展模式，以达到共谋、共建、共享的目的。

（黄维　陆一帅　郦琪琛）

奉化区滕头村：生态体育的富民、乐民之道

"田成方、屋成行、清清渠水绕村庄"，从宁波奉化驱车而行，向北6公里，便是滕头村所在地。改革开放后，靠种植苗木、羊绒服饰出口，这个村走上了小康路。滕头村是名村、富村，既是首批全国文明村、全国生态示范区，更是联合国授予的"地球生态500佳"。20世纪90年代，滕头村成为全国最早"卖门票"的村庄之一。

滕头村既没有名胜，又没有古迹，凭什么"卖门票"？绿水青山是其最大卖点。二十多年来，滕头村的产业、旅游不断在转型升级，生态体育也成为促进旅游、经济可持续发展的重要抓手。早在1998年，滕头村依托资源，打造成为宁波市学生社会实践基地。一批批青少年走进滕头村参观旅游，并与社会实践、军事训练相结合，一般每个批次时长3~5天。二十多年来，已经接待450万人次，除宁波外还吸引欧美、日本等多国的青少年。"一年中至少250天有接待任务，吃、住、行都在这里。"基地负责人王盛龙介绍。

充分利用生态资源，促进生态、旅游与体育深度融合，滕头村处处都是运动休闲好风景。奉化是中国水蜜桃之乡，每逢桃花盛开的季节，都会举办中国·奉化海峡两岸桃花马拉松赛。其中滕头村辖区的赛道长达8公里。"选手的亲身经历，以及电视直播等都是最好的宣传方式。"滕头村委会副主任傅海丰如是说。滕头村还有一个青少年信鸽运动基地，这更是别出心裁。这里不仅向游客提供信鸽喂食、认养的互动，游客还能把信鸽带回家，将其放归大自然后还能再回到滕头村，因为信鸽具有极强的识途能力。在滕头村还有一片"棋王林"，这是十多年前承办一次全国性的中国象棋比赛后，由棋王们共同栽种的，现在已经成为一处人文景观。

如果说这些打的是运动休闲的"擦边球",那么通过招商引资、因地制宜的体育项目则是"硬核力量"。2019年,滕头村建起了一座彩虹滑道,滑道长120米,配有灯光效果。现在成了网红打卡地。"投入120万元,不到半年,成本就收回了。节假日,客流量最大时一天突破3000人次。"彩虹滑道负责人张松涛显得特别兴奋。利用沼泽地、湖泊等资源,滕头村打造出"月亮湖天空户外基地",包括皮划赛艇、划船、桨板、射箭等37个体验项目,常常让游客流连忘返。

生态体育让滕头村找到致富新途径。同时,这也是让村民安居乐业、促进乡风文明的有效手段。富起来的滕头村,是一个高福利的小社会,"除工资或退休金外,每个月都可享受1500元的分红。"正在打气排球的大姐汪永飞开门见山。生活富裕了,更加重视身体锻炼,"每天都打,不到天黑不离开。"汪永飞打了十多年气排球,最大的感受是体育让村民之间更融洽了,民风得到改善。"赛场上最多的就是夫妻档。茶余饭后,打一场球那是最时髦的。你要是说去打牌,会被人瞧不起!"汪永飞笑言。除气排球队外,还有门球、广场舞、篮球队等。运动惠民、体育利民,老百姓要怎样的场馆,村里都会十分重视,不断满足多元化需求。

滕头村的"致富经",可借鉴、能复制。眼下,滕头村整合高校专家、龙头企业等资源,办起了"乡村振兴学院",向省内外传授乡村振兴的经验,特别是为经济欠发达地区的精准扶贫助力。

(黄维　郦琪琛　陆一帅)

余姚市横坎头村：红色引领生态绿色、体育特色发展

四明山脚下的余姚市梁弄镇，是全国19个抗日根据地之一。该镇的横坎头村，村内有中共浙东区委、浙东行政公署旧址，享有"浙东红村"的美誉。

"横坎横坎，横看竖看看不到头"，这是21世纪初横坎头村的场景。山区、老区、穷区。2003年，时任浙江省委书记的习近平同志到横坎头村调研时强调，只有老区人民富裕了，才谈得上浙江人民的共同富裕，只有老区人民实现了小康，才谈得上浙江省真正实现全面小康。2018年2月28日，习近平总书记在回信中勉励横坎头村全体党员同乡亲们一道，再接再厉，苦干实干，努力建设富裕、文明、宜居的美丽乡村。

山还是那座红色之山，水还是那湖四明之水。如今，横坎头村到处是欣欣向荣、朝气蓬勃的场景。村党委书记黄科威感慨：横坎头村依托红色土地，坚定绿色发展理念，蹚出一条运动振兴乡村的特色之路。

在美丽乡村建设过程中，体育设施成为最靓丽的风景之一。农民公园、欢乐大舞台、健身步道、标准篮球场点缀其中，6个自然村均配备丰富的文体活动室，添置跑步机、户外健身器械。村民胡忠尧是太极队负责人，他说："我最大的感受是生活条件好了，大家更加注重健身、健康。"村里有支"红村足球队"，有十七八位球员，每周都会开展一两次活动，还与镇里、市里的球队举办友谊赛。"以前年轻人都爱往外跑，现在都往球场跑，还吸引外村人来踢球、交流。"黄科威笑言。

横坎头村大力发展农业经济，种植樱桃、蓝莓、葡萄等。农业与体育的结合达到意想不到的效果。水果还没有成熟，以体育赛事为表现形式的宣传早早启动了。举办果园定向赛、真人CS，成为立竿见影的"导购服务"。硕果累累时，又举办采摘擂台

赛、开展亲子户外运动，"百果园"经营户汪国武说："举办果园比赛，我举双手欢迎，赛事的'带货效应'太强了！"他每年的经营收入达到两三百万元。

环四明山百公里山地户外运动挑战赛、环四明山自行车骑游大会、环四明湖半程马拉松等具有明显"红色"印迹的赛事，纷纷落户横坎头村，推动体育与文化、旅游、农业、生态深度融合。"依托红色旅游、体育赛事，横坎头还成了自驾游爱好者的重要目的地。"由此带来的吃、住、行、购、游产业链，也让黄科威感到特别高兴。"人来了，钱来了，效益就出来了。"说这话的是90后姑娘黄徐洁。她是土生土长的横坎头村人，还是一名海归。曾在德国留学的她，获得工商管理学硕士学位。随着老家的开发，她越来越觉得回乡创业机会难得。几年前，投资130万元开办的横坎头农家饭店开门迎客。"这是我们村最大的农家乐，同时可供300多人就餐。"她喜滋滋地说，每逢体育赛事，每天的营业额都有一两万元。

体育成为横坎头村富民强村的重要抓手之一。一组对比的数据足令人欣慰：20世纪初，村里负债40余万元；2019年，接待游客、运动爱好者60.7万人次，村级可支配收入740万元，村民人均收入达到36248元。梁弄镇镇长诸仲玖对运动振兴乡村有着深刻理解。他认为，作为革命老区，梁弄山地资源丰富，发展乡村运动休闲产业坚持的正是"红色引领绿色发展"的总体思路，即"红色＋绿色＋特色"，有效提升区域的承载力、经济的辐射力与带动力。

如今，梁弄镇正在复制横坎头村的经验，已经投资1600万元相继完成羊额古道、百步阶古道等的修复，加大培育或引进山地越野跑、自行车挑战赛等品牌赛事，以及尝试引进建设自行车赛道、滑草场，同时总体规划布局开办民宿、农家乐，让运动振兴乡村这条特色之路越走越宽。

（黄维　郦琪琛　陆一帅）

诸暨市杨家楼村:村子里的"洋气"体育

诸暨市大唐街道有着"世界袜都"之美誉,所辖的杨家楼村几乎家家户户从事与之有关的行业。这是一个人口大村,本地人口4000多人。同时,还有3000多人是来自全国各地的创业者、务工者。大村子、小社会,村级的基层治理压力很大。

一座村级体育中心,极大地缓解了这个矛盾。休闲时间,这座体育中心里总是一片沸腾。体育馆里的篮球比赛场面热烈。健身广场上,跳排舞的同样人声鼎沸。

杨家楼的村民,享受"洋气"的体育生活!

打篮球是杨家楼村的特色,也是诸暨体育最大的亮色。诸暨是远近闻名的篮球之乡,荣膺为15座"全国篮球城市"之一。

不过,杨家楼村的村民,以前打球可没那么便利。几十年来,经历了泥土球场、水泥球场、塑胶灯光球场的更迭。一直到2019年才利用原本的闲置土地,建造了村级体育馆。除室内球场外,还有室外连片的塑胶灯光球场。无论白天还是黑夜,都没有空场的时间。

说到这些优越的条件,不得不提一位叫杨洪康的乡贤。1952年出生的老杨,土生土长的杨家楼村民。早年外出上海、杭州经商,赚了钱,想着给家乡出点力、做些事。看到村民们如此喜欢打球,自掏腰包一个多亿,造了村级体育中心。2019年竣工以来,这里成了村里最热闹的地方。杨洪康说,光是500多米的塑胶健身步道上,每天锻炼的就有三四百人。

这里不仅是村民健身的乐园,还起到社会和谐、乡风文明"润滑剂"的作用。体育设施全部免费向公众开放。"我们生活、创业在杨家楼真幸福,特别要感谢一个叫杨

洪康的乡贤"。每每如此，杨洪康都是莞尔一笑。

在村党总支书记杨均平看来，这座体育中心还打开了杨家楼人的"世界"。这座球馆建成后，经常承办、举办各类体育赛事，如篮球赛、气排球赛。以球为媒、以赛交友，让杨家楼对外交流交往更频繁，村民们的心也更齐、干劲更足。"体育馆800多个座位，最多时容纳上千观众，村民们争相围观、加油，场面甭提有多火爆了。"这个国庆节长假期，场馆早已被预订一空。杨家楼村自古崇武好斗、民风彪悍，但这些年悄然在改变，"只打球、不打架""多一片球场，少一个赌场"。

杨洪康看在眼里、喜在心中。为实现这座场馆的可持续、健康运转，他特地回乡注册了一家公司。与村里达成一致意见，用这家公司创造的税收，反哺给村里的体育中心，通过"以税养馆"的方式来解决运营费用。

（黄维　陆一帅　郦琪琛）

上虞区东澄古村：古村落点"石"成金记

"脚著谢公屐，身登青云梯"。东晋山水诗人谢灵运，寄情于山水，算得上是"驴友"的鼻祖。他比徐霞客出游还要早一千多年。相传，有次在他的出生地绍兴上虞登山，见山景不错，游完后把喝酒的杯子（古称"卮"）倒扣在桌上，此举表达了"这好地方我下次还会再来"的心愿。于是这座山被称为"覆卮山"。

覆卮山位于上虞区南部山区，属岭南乡境内，海拔861.3米，为上虞区第一高峰。世世代代，这里的山区农民被大山所困，出行不便、看天吃饭、经济落后。散落在山间的几个乡村，逐渐成为"空心村""光棍村"。

一直到近几年，沉寂千年的覆卮山区，突然成了众多户外运动爱好者的"朝拜圣地"。在采访过程中，碰到了一队队的骑行爱好者，女骑手祁艾蕊说一个月总要上山两三次；碰到了从绍兴城自驾游的一对夫妇，张开休闲椅，面对层层叠叠的高山梯田，一边品茗闲聊，一边极目远眺，百看不厌……海拔五百多米的岭南乡东澄古村，凭什么吸引着大批运动爱好者纷至沓来？年轻的乡党委书记王凯，用富有诗意的话勾勒出覆卮山的动感美景：百年古村，千年梯田，万年石浪！

东澄古村挂在覆卮山半山腰上，海拔五百来米，山清水秀、空气清新。因地取材，大多数房屋用石头砌成，古朴古色；铺着石板的乡间山道，错落有致、曲里拐弯。放眼望去，漫山遍野是一块块的梯田。春好踏青，夏宜避暑，秋来登山，冬可赏雪，东澄古村有着足够的魅力！

古村、梯田并不稀罕，真正吸引户外爱好者的是"万年石浪"，又叫冰川石浪，是国内低纬度、低海拔地区发现的规模最大的石浪群，山坡石堆垒积，似涌浪滔天。据

竞跑共富路
——71个浙江体育的实践样本

考证，石浪形成于300万年前的第四纪冰川时期，现有"梅浪""乌浪"十余条，最长的1000余米，最宽处五十余米，垂直落差最大的达300米。大的巨石如同一座小房子，小的也有一两立方米。这种自然景观十分神奇、罕见。

这一稀缺的自然景观，很快与体育运动"联姻"。登山爱好者除了登山道、游梯田外，更喜欢的是挑战石浪，俗称"攀石浪"，尤其适合团队挑战。根据山坡上的"石头阵"，攀爬、穿越，整个过程充满了挑战，特别刺激。这几年，组队、组团来的游客特别多。政府因势利导，已经连续举办十多届覆卮山攀石浪节，影响越做越大，宣传推广效果也不错。

这个过程中，蕴含着巨大的户外运动消费的"金矿"。上海商人胡向阳，就是前来"挖金矿"的外来者之一。五年前，他毅然决然从上海滩一头扎进了山沟沟。覆卮山成了他新的商海战场。胡向阳之前有过从事亲子户外运动的经验。他认为，接下来体育是"户外运动时代"。而覆卮山的石浪、梯田、古村都是十分宝贵的资源。他坚信，在覆卮山上投资、创业，一定亏不了！胡向阳花了三十多万元，盘下了村里的闲置房子，又投资千万元打造成精品民宿。平时，既承接青少年的夏令营，又操办公司的户外团建。攀石浪就是一个拳头产品，通过讲解推广、组织穿越、航空拍摄，实现一条龙服务，形成全产业链。

人气越来越旺的东澄古村，由人气带来了旺旺的财气。村集体创收、人均收入都有较大提升。仅东澄村出租废弃房屋改造民宿，就为全村带来了近百万元的村集体收入。同时，还解决了村民"零距离"就业问题，胡向阳的民宿一半以上的员工都是本村村民。

尝到甜头的东澄吴村，正在引进或培育适合的体育赛事。除覆卮山攀浪节外，还有岭南十八弯自行车爬坡赛、山居露营节等，不光是省内游客，长三角地区的运动爱好者也蜂拥而至。以东澄吴村为代表，民宿、农家乐发展也十分迅猛，2020年全乡已开办民宿35家，床位400多张。

王凯说，以往的"光棍村"，现在已经成为"观光村"。希望更多的运动爱好者，来覆卮山观光、运动、休闲！

（黄维　陆一帅　郦琪琛）

浦江县杭坪镇：16个村挖出一座"体育金矿"

浦江是"中国水晶之都"。位于县城近郊的杭坪镇，就是水晶产业的发源地之一。以前，家家户户从事这个行业。潺潺流动的溪水，成了"牛奶水"，前些年在"五水共治"行动中关停了一大批。

后来，又以开山卖石求致富。结果，青山不见，绿水受污，这条"致富路"又走不通。

搞工业不行，采石又不行，杭坪镇经济一度是周边乡镇最为薄弱的之一。穷则思变。时任杭坪镇薛家村党支部书记的吴福红打算借村里的一块空地开办卡丁车场，他拍着胸脯说："赚了算村集体的，亏了算我个人的。"

没想到，这项运动在杭坪镇火了。不光城里人下乡体验，周边城市的游客也慕名而来。

杭坪镇大力发展运动休闲产业，机遇也接踵而至。2019年，杭坪镇毛遂自荐，申请承办浙江省生态运动会开幕式与首站比赛。批复同意后，全镇上下忙开了：填满了采石矿，建成大草坪，成了绝佳的露营基地；依据山势，开发攀岩、飞拉达线路；丛林之中，布局的则是真人CS、悬崖索道；原本污水横流的溪水，现在则是溪水清清，成了休闲皮划艇、桨板运动开展的好去处。

当年5月，全省生态运动会热闹登场。杭坪镇的绿水青山间人头攒动，全省有二十多个县（市、区）组队参赛，更有数十家媒体聚焦，效果立竿见影。"比赛结束第二天，就迎来一个300人团队游客。"杭坪镇党委书记、时任镇长的陈青松乐了。

趁热打铁。镇里下定决心，把运动休闲产业作为"主攻"方向。穿珠成串、集聚资源，镇里发起成立了一个主打户外运动的公司，取名"趣野吧"，运动项目超过20个。运营以来，接待游客超300万人次，接待公司单位800余家；与300多家户外俱乐部、旅行社进行合作，40多位体育教练为运动爱好者提供"一站式"服务。在2019年10月公布的浦江县乡村旅游点游客数据前十名中，"趣野吧"探索营地名列第二。

"趣野吧"的分红模式也别具一格。镇里投资800万元成立公司后，又引进一家乡贤开办的公司负责引流，还有第三家公司作为项目的落地与执行，三驾马车一起使力。2020年，已实现营收620万元。这钱怎么分？陈青松解答："镇里占有的40%股份中，收益的10%分配给项目所在地薛家村，镇里其余15个行政村则共享90%的红利。"此外，"趣野吧"还带动周边餐饮、民宿、农产品销售，以及吸纳周边富余劳动力"零距离"就业等，实现二次创收逾1000万元。这也意味着，由运动休闲把"绿水青山"转化为"金山银山"后，全镇一万多老百姓都是受益者。

现在，杭坪镇、薛家村有了幸福的烦恼。"虽然受到疫情的影响，但'趣野吧'的利润依然可观。"陈青松说，2020年他们还追加投资、完善配套，"扩张计划"的蓝图已徐徐展开。第二期工程占地1500亩，打造航空飞行乐园，同时计划发展"夜经济"，让杭坪镇"地上跑起来，天上飞起来，水里游起来"，最终让老百姓富起来。

运动，让杭坪镇点"石"成"金"。这个美丽的故事仍在赓续：第一个在运动休闲项目上"吃螃蟹"的吴福红，现在被聘为趣野吧探索营地的"执行总裁"。陈青松说：吃体育饭，让杭坪镇富了，我们不能忘记大功臣！

（黄维　郦琪琛　陆一帅）

武义县朱王村："省赛村办"的美好与憧憬

2018年，浙江省短式网球锦标赛的举办，引起不小的轰动。这项赛事居然放在一座村级体育馆举行。省赛村办，这在武义县也是破天荒的第一次。

举办这项赛事的村叫"朱王村"。依山傍水，之前籍籍无名。自2016年，茭道镇朱王村的体育馆建成后，昔日的平静被打破了。2017年这座馆就承办了二十多项比赛。此后，每年举办省、市、县级体育赛事30余场，就连2022年第17届省运会短网比赛也是在这里举办，开了浙江"省运会村办"的先河。

举办赛事、广聚人流，给朱王村带来了新的思考，来了这么多运动员，吃、住怎么办？那就在村部开办临时食堂，一摆就是一二十桌。

体育不光带来热闹，还带来经济收益，这让朱王村看到了希望。村党支部书记张福华是个有心人，他认为吸引更多的人来到朱王村，光有一座体育馆还不够，还得有优美的环境和完善的设施。

利用山溪资源，张福华带领村民们开始愚公移山般地建设"美丽朱王"。从丽江古城的潺潺溪流中得到启发，朱王村利用途经村里的河流水资源，修建了人工湖——水碓湖。在朱王村，水流不再是在溪沟里流淌，而是"架设"在距地面一米左右的河道上。"半空"中的河道长达七八百米，绕村一周。每家每户出了门，不用弯腰就可淘米、洗菜、汰衣裳，不仅方便，还成了一道景观。据说，这样的水景在全省也属唯一。

体育馆与水碓湖相映成趣。这是朱王村全体村民共同的精神财富。张福华介绍，全村200多户、800多人，大多数劳动力在附近的工业园区上班。一到晚上，体育馆、健身绿道，以及体育广场、门球场、篮球场，到处都是健身、休闲的人群，还吸引了众多周边的村民与外来务工者，多的时候同场达到数百人。张福华调侃，"这么多的体育活动场所，每天晚上的电费都是一笔不小的开支"。但让张福华又欣慰的是，这座体育馆让家庭更和谐、邻里更和睦，生活方式悄然转变，打球的多了、赌博的少了，文明素质也提升了，"现在已不需要专人盯着开灯、关灯。最后一批参与运动的村民离开，一定会熄灯、关门"。

除满足村民的健身需求外，让运动振兴乡村是朱王村的另一个"小目标"。2018年在朱王村举行的全省短式网球锦标赛一炮打响后，更加坚定了信心。2022年，为筹办省运会短式网球比赛，朱王村体育馆重新进行了装修：房顶的钢结构支架刚刷了漆，赛场边专门设置了160个观众席，还安装了空调。"可能是我们有办赛经验，所以才获得了宝贵的省运会办赛资格。"在张福华看来，承办省运会赛事为更新村内的体育设施提供了契机。

开局良好的朱王村，或又迎重大机遇。投资商相中了村里的一片山坡地，原来是一座矿山，现在已经废弃。投资商规划圈地一百亩，有意投资建造飞碟场。这些都给了张福华莫大的信心。体育的撬动力也让有前瞻性的村民动了心，好几户村民在谋划开农家乐和民宿。进武农庄店面不大，只有100多平方米，在朱王体育馆建成的同时开门营业。"生意还不错，特别是村里办比赛的时候。"店主邵艳妃笑着说，这里几乎成了企事业单位运动比赛后的"定点饭店"，她和丈夫翁进武不仅赚了钱，还认识了很多球友。张福华说，朱王村将会诞生更多新业态，村民一定也会变得更加富裕。

（黄维　郦琪琛　陆一帅）

三门县善岙杨村：善治者，体育也！

"体育促文明""体育促健康""体育促善治""体育促发展"，在三门县海游街道善岙杨村口，最醒目的是这些宣传标语。

体育在这个村，有着十分特殊的地位。村党支部书记杨天杰说："善治者，体育也！"

善岙杨村地处城郊接合部，与三门县城只隔一条珠游溪。全村508户、1360人，以打鱼、经商、务工为主，算不上大富大贵。体育作为一种交流的载体、团结的象征，既能提振信心，还能开阔眼界、拓宽视野。这些独特的价值，被杨天杰等村干部所看重。

十多年前，村里土地被征用，有一笔400多万元的补偿款。当时对于如何使用这笔资金有着不同的意见。相当一部分村民提出分钱到户，落袋为安；而村"两委"班子则提出建设"文化礼堂"。为此党员干部分片一次次做村民的思想工作，这项提议最终被通过。

这些年来，善岙杨不仅造起了"文化礼堂"，还建成全县第一片笼式足球场、第一座农村百姓健身房。栽下梧桐树，引来金凤凰，"城里人下乡"成为一道独特的风景。完备、精良的健身设施，不仅满足村民的健身、休闲需求，也成为城里人的向往之地。每天早锻炼高峰时段，人们在足球场、篮球场上激烈比拼，健身广场上跳排舞的、练柔力球的、打气排球的也是人头攒动。除本地村民外，至少有一半来自县城，还有三邻五村的。正在跳排舞的章惠君说，她原本在城区锻炼，但看到善岙杨的场地后，更愿意跑远点"下乡"来了。通过参与体育锻炼，我们都与这里的村民相处得很融洽。

"县城都没有这样标准的五人制足球场,善岙杨村就有!我们经常开车来村里踢球。"从事新闻工作的邵斌,正在绿茵场上挥汗如雨。

体育极大地促进乡风文明、社会和谐,让杨天杰等村干部越来越有劲。村里主动找到县文广旅体局,在文化礼堂中融入更多运动元素。现在,这里俨然成为一座项目丰富、功能多样的全民健身中心。占地5200平方米的文化礼堂,除平时方便村民办红白喜事、开大会外,大多数时间是一座体育馆,在这里可以打气排球、羽毛球、跳广场舞。文化礼堂、体育乐园,成为人们真正的精神家园。

2020年,善岙杨村的体育阵地再次转型升级。村里建成一座农村百姓健身房。这种模式是浙江的新探索,旨在让百姓拥有更便民、平民、高品质的室内健身场所。善岙杨的百姓健身房免费开放,有乒乓球桌及各种健身器械,健身设施等,可供选择的健身项目有十多种,还配备社会体育指导员,与城市居民一样共享科学健身指导。村里负责提供场地、日常的运营、管理,建设所需资金由省、县级体育部门承担。

原本冷清的善岙杨村,现在到处是全民健身的场景。年过八旬的章本序,是县里有名的"气排球达人"。他借助硬件条件优良的体育场馆,主动普及、教授这项运动。他帮助村里组建了一支老年气排球队,还经常组织各类比赛。在他的帮助、引荐之下,气排球很快成为村里的第一运动,村里的排舞队、腰鼓队、羽毛球队等也先后成立,几乎每天都活跃在文化礼堂、健身广场。

十多年过去,当年反对新建文化礼堂的村民,态度有了转变吗?杨天杰说:"现在村民们见到我们,都是竖大拇指的!"这也让村干部干劲更足。目前,这个海港渔村准备拿出60亩土地,规划建设体育休闲小镇,包括11人制标准足球场、游泳池、水上乐园、儿童游乐设施在内的14个项目,进行市场化开发、运作。或许,这将是让善岙杨村富起来的重要一招。

(黄维　陆一帅　郦琪琛)

"浙样"红·体育见证百年风云变迁

嘉兴市：每个人都是"运动家"

一望无垠的杭嘉湖平原，自古是鱼米之乡，百姓富庶。作为中国共产党诞生地，这片土地被赋予更多活力、生机与激情。

秀水泱泱，红船依旧。足可以告慰革命先辈的是，如今的嘉兴是长三角地区最具活力的城市之一，也是全国城乡统筹、共同富裕的示范区。

百年前，红船是"革命家"的摇篮；百年后，嘉兴每个人都乐享"运动家"。

"运动家"是一个智慧体育社区项目。嘉兴市体育局局长王蕾介绍，全民健身已经蔚然成风，但自发、无序的健身活动存在诸多问题。在体育的多元功能与需求中，"运动家"解决的正是痛点问题，包括健身的科学指导、网络组织、场景化应用，以及社交功能。

"运动家"究竟是一种怎样的健身神器？

到嘉兴市塘汇街道长纤塘社区时，正是周末的下午。社区健身房里人头攒动。健身者刷脸就可进门。每个人的运动轨迹、健身大数据，也都在"运动家"数字化管理平台有信息反馈。"运动家"还可以为每个健身爱好者，建立富有个性的"运动账户"，相当于请了一个网上的"专属健身顾问"。

赵勇是长纤塘社区百姓健身房的常客，每天来此"打卡"一小时，几乎雷打不动。练上瘾的赵勇还带着妻子、孩子一起参与。每天下午四点多，接孩子放学，一家人就直奔百姓健身房，哑铃、杠铃、跑步机，赵勇一样不落，妻子则爱上了形体舞，孩子在儿童区玩乐，一家三口其乐融融。"运动家"成了名副其实的运动"家"。

大数据显示，这座社区健身房的消费群体，60%以上是45岁以下的中青年。"十分钟健身圈"，终于让这个最容易被全民健身忽视的群体动起来了。据塘汇街道社会事务办徐娇婕介绍，截至2021年3月底，"运动家"小程序注册认证已达3398人，占到社区常住人口近70%，累计运动人次高达14924人次。

社区健身房、户外健身点，"运动家"都能一网打尽。在长纤塘公园，利用高架桥空间建设的健身广场、篮球场，也安装了健身打卡点。手机一刷运动轨迹同样有迹可循。健身人群的阵地在哪里，"运动家"的服务就延伸到哪里，真正实现便民、利民、亲民。

而在油车港镇天星社区，也呈现同样的火爆场景。跑步机、乒乓球台、跳操区，没有一处空闲着。消费水平与长纤塘社区差不多，每次2元、年卡360元，特别醒目标注着"面向18岁以下青少年，以及女55岁、男60岁以上人群免费开放"。刚满55岁的李秀英大姐高兴地说，以前的健身阵地在广场上，跳跳操、跳跳舞，"现在转移到健身房了，登堂入室。刚够上免费享用的条件，还有健身指导、大数据，锻炼情况一目了然。"

李秀英大姐参与健身，不仅不掏钱，还能通过健身"赚外快"。距天星社区不远的城市广场上，设有健身积分兑换墙。根据健身获得的积分，兑换相应的奖品，如一瓶矿泉水、小件健身器材等。社区党委书记沈凯是90后，他认为"积分可奖"更重要的是激发居民持久的健身热情，以及让健身变得更具趣味性、交互性。

嘉兴探索的"运动家"模式，逐步实现"十大健身'可'能"，即除了IP可创（创建个人运动账户）外，还包括场地可查、社群可加、指导可得、培训可享、赛事可乐、挑战可约、精彩可秀、积分可奖、健康可知，让百姓的体育健身获得感、幸福感更强，自然受到越来越多拥趸。这样的"智慧体育社区"嘉兴已经建成85个，"运动家"网罗了近800片体育场地，吸引体育社群753个、社会体育指导员471人，全民健身的管理服务效能更加精准，超过17万人次活跃在这个平台上。

"百姓去哪健身""怎样科学健身""如何参与健身"，嘉兴在这份体育民生试卷上，交出一份高分答卷。除城市社区、乡镇农村外，还将在学校、机关、企事业单位书写"数字体育答卷"，让每个人都乐享"运动家"、成为运动家。

（黄维　郦琪琛　陆一帅）

瑞安市：百姓乐享"百姓健身房"

位于瑞安城区的西山上，有一座醒目的建筑。外形十分别致，远远望去就像一面飘扬的巨幅五星红旗。这是国内唯一一座"国旗教育馆"。五星红旗的设计者曾联松，正是土生土长的瑞安人。

瑞安是隶属温州的县级市。作为民营经济发祥地之一，拥有百万人口的瑞安经济繁荣、百姓富庶。"体育让生活更美好"的城市宣传标语，在街道、楼宇、广场、体育场馆等地随处可见。

"百姓健身房"是温州首创的村社健身场馆模式。由村社提供空间，各级体育部门配备健身设施，按照"谁受益、谁管理"的原则实行自治管理。选址接地气、配置上档次、进入门槛低、服务亲民化，从试点到推广、普及的三年间，"百姓健身房"在瑞安城乡遍地开花，得到普遍欢迎与点赞。2021年，已经建成百姓健身房74座，数量位居浙江全省90个县（市、区）首位，光是2020年就新增了51座。

距国旗教育馆车程10分钟，是锦湖街道虹北锦园社区。这个社区像一座全民健身公园。从健身房、跳操房到棋艺室，从塑胶篮球场到健身路径，每一位居民都能找到自己热爱的运动。篮球场上，热力篮球俱乐部的队员们正在训练，这是一片被居民称为"抢出来"的篮球场。几年前，这里还是一片闲置的水泥地，现在摇身一变成了设施齐备的多功能运动场。"球场总投入45万，居民林冷双捐款10万元，大家都很支持！"小区业委会主任季雯雯如是说。

黄伟丰是热力篮球俱乐部负责人，也是百姓健身房政策的"场外"受益者。球场建成后，小区与俱乐部达成了双赢的共识，俱乐部的场地租金打折，同样小区业主的培训费也打折。这一招果然立竿见影！只要不下雨，球场上总能出现一番有趣的景象：一半场地，小区篮球队打比赛；另一半场地，孩子们接受篮球培训。这既解决了俱乐部活动场地问题，也让小区孩子们就近参加篮球培训。

尤其值得夸赞的是，这个社区的体育实现区业委会自治。这么多空间的场地，利用的正是社区配套的附属用房，除了户外球场，室内的乒乓球室、棋艺室、瑜伽室等一应俱全。季雯雯介绍，健身房自2018年建成并投入使用以来，每年服务人数超过5000人次。平均收费每天仅需1元，年卡用户若完成连续打卡30天，还可返利65元。业委会想得很周到，还建成了一座婴幼儿健身房（儿童嬉戏乐园），同样是刷脸进入，允许一位家长陪同。如果办理百姓健身房+婴幼儿健身房的"复式年卡"，总价也仅500元。

在安阳街道广场社区百姓健身房，同样人头攒动。健身房占地100平方米，健身器材的配置与商业健身机构相仿，刷脸就可以进入，年卡消费每天不到1元。小区还邀请附近健身机构的健身教练定期上门指导。健身房里，一位有着"练家子"身材的年轻人引起记者注意。他叫郑京瑞，是一家健身房的教练，也是广场社区的社会体育指导员，为居民提供免费健身指导。百姓健身房会不会与自己的健身房"抢生意"？郑京瑞给出了否定的答案："免费做健身指导的同时，不少对健身有更高需要的人会主动去我们健身房，这是一种良性循环。"

这个小区还居住着近两百位外国朋友。他们中不少是百姓健身房的常客。与外国朋友打交道或许存在语言障碍，但健身让他们打成一片。外国朋友刷脸进百姓健身房，收的是美元吗？当然不是。一张年卡360元人民币，一视同仁。

记者了解到，截至2020年底浙江已建成百姓健身房1015座。今年这个项目已纳入省政府为民办实事工程之一，计划新增加600座。瑞安市体育事业发展中心主任林鹏表示，瑞安将进一步吸纳社会力量参与，激发百姓健身房运营活力，引导优秀健身教练与百姓健身房合作，为群众提供体育指导和服务，同时继续采用"智慧运营+低免收费"的理念，推进百姓健身房体育设施数字化、智能化建设。

（黄维　郦琪琛　陆一帅）

平阳县：红土地与体育绿相映生辉

放眼远望，除了山还是山。正是映山红花开的季节，漫山遍野红艳艳。这里是浙南平阳县凤卧镇，有着"浙江延安"的美誉。1939年，中共浙江省一大在这群山环绕的一座两层小楼召开。会址所在地叫冠尖。最后一天，为避免敌人破坏，翻山越岭转移到对面山头一个叫"马头岗"的小山村召开。

这里有多偏远？导游解说，当年与会的党代表如果从温州起程，一切顺利也至少要三四天才能到达；如果是走山路、翻山岭，有的代表日夜兼程一个月有余——可以想象，山镇凤卧的山高水长。即便时光回溯到二十年前，这里也还是平阳贫穷落后的乡镇之一。

在建党一百周年之际走进革命老区凤卧镇，这里已经跻身全国30条红色旅游精品线、全国100个红色旅游经典景区，见到的是绿水青山生机盎然，访客如织。红土地、体育绿，相映生辉。生态体育成为乡村振兴的重要抓手与载体。

浙江人是富有改革创新精神的。在"浙江延安"，很快巧妙地嫁接上生态体育，并迅速结出累累果实。从冠尖到马头岗的八公里山路，成为"重走长征路"的徒步小道，蜿蜒的山道上经常能见到雄赳赳、气昂昂的徒步大军；每到柚子飘香的季节，每年都会举办柚子采摘文化节，以果为媒、以节为缘，开展摘柚子、抬柚子、剥柚子的文体竞技游戏，"红色引领"带动"绿色崛起"。除了这条"长征路"，当地还挖掘了十条古道，也成为游客、团建的网红打卡地。光是2019年，凤卧镇接待了3800多批次"红色游客"，达到20万人次以上。这个庞大的数据是凤卧当地人口数量的近10倍，如果算强村富民的经济账，当地老百姓是最有发言权的。

山麓，一家园林式的民宿隐于山中。推门而入，里面绿意盎然，颇有生趣，根据地势建造的一座座"悬空"住房，与大山融为一体。杨玲是这家民宿的负责人，土生土长的她这几年明显感到了家乡的变化，修路建桥、红色旅游为民宿带来了大量客流，也为小山村带来了就业机会，这家民宿一半以上的员工是本村人。红色旅游、绿色经济，不光增加了"饭碗"，也留住了人心。"有了红色体育和旅游，年轻人都愿意留在家乡发展，民宿、餐饮、导游，可以选择的工作越来越多。"杨玲感慨。

　　挖掘红色资源、红色记忆，创造绿色收入、绿色经济，凤卧的村子美了，游客多了，离乡的人相继回来了，村子越发生机勃勃。"凤卧镇党委委员刘智欣说出了这些年小镇的变化。尝到甜头的凤卧红色旅游，正在做更大一篇"红+绿"的大文章。距离中共浙江省一大会址不到一公里，占地280亩的浙江红村研学营地已经开放。在这里，可以体验农事、劳动教育、军事拓展等，是浙南红色研学旅行的"大本营"。从开营至今，只有短短一个多月，已经超过5000名游客走进这里，体验编制草鞋、野外担架、高空速降、绳结自救、军事实践，研、旅、体相结合，体验革命艰辛、重温红色记忆，传承红色精神，"在体验红色行军徒步、强健体魄的过程中，更能领略革命老区的美丽蝶变。"凤卧镇党委书记徐杰特别欣慰。

　　2021年是中国共产党的百年华诞，平阳县筹办了第六届凤卧红色旅游文化节，"千人重走红军路"是重头戏之一。平阳县副县长郑义，则描绘了一幅老区更美好的蓝图：借助建党一百周年的契机，全力打造红色旅游、精品果园、健身基地、生态观光四位一体的绿色产业，推动山镇凤卧经济持续发展、村民增收致富，加速推动乡村振兴的"凤卧实践"。

（黄维　郦琪琛　陆一帅）

德清县：漫运动，莫干山轩昂的气质

莫干山位于杭嘉湖平原西部，虽然最高峰有海拔七百多米，但连绵起伏的茶园、浩瀚无边的竹海，很容易让人与"贫穷落后"联系在一起。而与众不同的是，莫干山是改革开放思想的重要萌发地之一。1984年著名的"莫干山会议"，即在此召开，全国上百位中青年经济学家云集于此为中国的改革开放提供了重要思路。

思路决定出路。三十多年过去，每一个来到莫干山的人无不被这里的运动激情所点燃。"靠山吃山、靠水吃水"，运动让山动起来、水转起来、人留下来，运动成为振兴乡村的重要抓手，成为"绿水青山就是金山银山"的转化器。

好山好水是莫干山的容颜，那么"漫运动"则是莫干山轩昂的气质。

一脸络腮胡的夏雨森，出生于"莫干山会议"召开的1984年。他是安徽人，毕业于上海体育学院，后留在上海创业、成家。五年前，偶遇莫干山就留下不走了。用了一辆大货车，举家从上海搬到莫干山脚下。

好山好水好运动。山水之间的"运动天堂"，让夏雨森着了迷。他租赁了一幢农民房，开办了一家叫"岂遇"的运动主题民宿。游泳池、攀岩墙、乒乓球桌、台球桌、健身房，宛如一座小型的全民健身中心。夏雨森还下了"挑战书"——只要完成规定的五个运动项目，一旦挑战成功即可免费下榻。他的民宿迅速成为网红，尤其受到年轻人、情侣或小夫妻的欢迎。

作为运动达人的夏雨森，还是莫干山的民间运动推广大使。每个星期都组织开展"莫干山家庭日"，户外徒步、登山、骑行、穿越，以及运动摄影、体育沙龙。带动更多的本地人、游客，借力好山好水动起来、乐起来。夏雨森介绍，新冠疫情发生以来

越来越多的家庭、团队走向户外、乐享运动，参与其中，"带着团队在莫干山上玩起来、动起来，这是我的新职业。去年仅这一项就赚了三四十万。"夏雨森透露。

与"岂遇"运动主题民宿相距600米，是一座占地1000多亩、叫郡安里的度假酒店。时尚、洋气、富有运动底色。这个酒店是体旅综合体，刚刚荣膺国家级体育产业示范项目。

到马术场骑骑马、乘坐直升机观光，以及大草坪上踢场足球，是很多游客的时尚选择。郡安里度假酒店董事长郎阳升介绍，如果有足够的精力、勇气，还可走进Discovery探索极限基地。

Discovery探索极限基地有亚洲最大的攀岩墙，以及丛林滑索、高空网阵等大型户外运动设施；还有六条登山徒步道，保持原生态状态，实现健身与科普相结合。"每逢节假日，尤其是暑期，很多游客不远千里来体验、挑战。"负责项目市场营销的副总监潘旖颇为自豪。

同样是"靠山吃山"，久祺国际骑行营也是莫干山漫运动小镇的重要载体。骑行车道因地制宜，穿行在山坡、竹林间，浙江第一条标准的山地骑行车赛道，占地达到千亩。除不断承办各类体育赛事外，这里也是菜鸟骑手体验、练手，以及家庭出游、单位团建的好去处。负责人卓慧青告诉记者，每年的接待量达到3万人次以上。酒店住宿、星空帐篷等配套正陆续在建设之中，"带着孩子白天骑车，晚上数星星，成为不少都市家庭的出游选择。"

从"看""游"到"玩""动"，莫干山游客的出行方式正悄然发生变化，"运动让游客走进来、留下来"逐渐成为共识。德清县从旅游、经济的空间布局规划中，将莫干山镇打造成"莫干山漫运动小镇"。县文广旅体局副局长沈国松介绍，除政府引导、主办莫干山竹海马拉松外，浓厚的运动氛围与集聚效应也让社会力量、民间资本从这个精准定位中找到商机："侠客国度"国际障碍挑战赛、凯乐石跑山赛，以及斯巴达勇士赛，都将目标瞄准了莫干山。每场赛事，少则几千人，多则上万人，因运动而云集莫干山，由此带来的吃、住、行、游、购，极大地带动消费、促进增收，以及提高了赛事的品牌度和影响力。当然，受益的还包括莫干山辖区的800多家民宿，时常出现一床难求的火爆。

（黄维　郦琪琛　陆一帅）

蹲点浙江·发现体育"共富"之美

湖州市：山与水交融 人与城俱欢

山多路就弯，田少粮食缺。尤其是21世纪以来，作为改革开放前沿阵地的浙江，面临"先成长、先烦恼"的困惑，浙江发展面临转型升级。二十年来浙江忠诚践行"八八战略"，闯出一条健康发展、持续发展的路子。湖州的德清县、安吉县是首批全国全民运动健身模范县。全民健身蓬勃开展背后，场馆设施、体育组织、赛事活动等都是基础性支撑，倡导借体育之力、以体育为媒，促进山与水交融，共奏体育与旅游、文化、农业的交响曲，实现人与城的共欢。

山川乡隶属安吉县。乡如其名，放眼望去除了山还是山。进山难，出山亦难，千百年来山川乡傍着大杭州过穷日子，一直到"云上草原"的惊艳亮相：在海拔1168米的山顶，打造一座巨无霸运动休闲公园——从山脚乘坐一刻钟索道，抵达"云上草原"，豁然开朗、沁人心脾。数千亩的山林间，借着山体缓坡建成滑雪场、卡丁车场、滑草场；而在悬崖区域，因地制宜推出蹦极、悬崖秋千、玻璃栈道、飞拉达、云端自行车等运动休闲项目，总共达到三十多项业态，绝大多数都是运动休闲项目。远远的都能听到游客一阵阵的尖叫，那种释放出来的快乐、肆意，与山野一般空灵与纯粹。"春赏花、夏滑草、秋登高、冬滑雪"，一年四季都能在云上草原找到快乐。

相邻的德清县，坐拥中国"四大避暑名山"之一的莫干山，名气很大。不过，对年轻人来说，在德清玩山乐水的印象远超过"名山大川"。莫干山脚下的郡安里度假区，闲玩有趣、健康有道、生活有味，两万平方米的休闲大草坪，风筝放飞、滑梯蹦

床、足球竞技，日日有主题活动，周周有休闲赛事；围绕运动休闲，Discovery 探索极限主题公园、桨板与皮划艇乐园、JEC 郡域马术中心、山野卡丁车赛场、莫野露营基地，还有刺激的悬崖泳池，如果在郡安里度假区住上三五天，不出大门玩乐项目都可做到不重样。

在德清县，大做运动休闲文章的郡安里算"第一个吃螃蟹"之地。不过，现在已经是现象级模式：象月湖国际休闲度假谷，以露营、马术、休闲度假为主，成为长三角国际高端休闲度假重要目的地；天际森谷山野度假区是新晋的运动休闲网红打卡地，高空探险塔、新西兰滑板车、七彩滑道、高空秋千、竹海漂流、高空玻璃观景台……以自然生态为背景，让这片 700 亩的山野变得妙趣横生。

运动休闲是新时代的新时尚，也是新消费、新经济。浙江作为民营经济重要发祥地，在投资、参与发展体育经济中，民间资本、社会力量是主力军，同时也是直接的受益者。

德清天际森谷山野度假区创始人吴元华，北京大学高才生，曾是高校教师。五年前，毅然辞职投资这一运动休闲旅游综合体。闲暇时，他喜欢喝一杯咖啡，坐在景区看着一张张笑脸从面前走过——滑板车穿越 3 公里的弯道从山顶飞驰而下，途经湍急的河道漂流客发出一阵阵尖叫……吴元华的内心比游客更欢乐。

天际森谷坐落于上杨村。这个山区乡村曾经的标签是"脏、穷、差"——当年以开矿山为业，生态环境被严重破坏。而现在，矿山关停后以"资源入股"的方式，正式成为合伙方之一。这么一来，村集体收入超过数百万元，是之前的好几倍。与此同时，天际森谷提供近百个就业岗位，村民们在家门口实现就业，拥有更多的获得感和自豪感。记者还了解到，这种共享模式又有新动作——由村民入股共同投资建设造价 1100 万元的游客接待中心，每户入股 2 万元，年底分红不少于 10%。一年后首次分红，300 余农户共分享 60 多万元的红利。既是"股东"又是员工的村民包明红很是感慨，"以前在武汉打工，赚了点钱但顾不到家。现在回来了，平时上班有工资，年底还有分红，有盼头！"

安吉云上草原景区也一样。副总经理李学飞说，"旅游＋体育"协同发展模式，已经尝到了甜头，"紧挨着滑雪（草）场的星空天文酒店，平均房价 2000 元/晚，最美季节时的'雪景房'，达到 6000 元/晚且一房难求。"而山川乡的老百姓以前"在山靠山、靠山吃山"，但日子过得紧巴巴，现在光是这个景区就为山乡提供 600 个工作岗位，由此衍生出来的岗位 1500 个。山脚索道所在的高家堂村，停车场一年的收入就达到 400 万元，村民人均收入则翻了两番。

安吉五峰山运动村、德清象月湖国际休闲度假谷，共建共享、共赢共荣的触角更广。安吉五峰山运动村创始人是技巧世界冠军黄拥军，以"运动休闲"为线，黄拥军在2200亩的山谷上下了绣花功夫，集室内外运动、运动康复、生态农业、文化创意、健康养生于一体，分为"山地运动区""水上运动区""农场露营地"等户外功能区，拥有丛林穿越、丛林障碍、丛林蹦床、攀岩、水上皮划艇、水上桨板等项目活动，吸引广大青少年走向户外，将运动完美融入自然，自由穿梭于山水之间，感受山野运动乐趣。"作为曾经的运动员，无法割舍体育情结。做自己感兴趣、熟悉的事情，同时还能为运动爱好者提供良好的、喜爱的环境，一举多得。"而德清象月湖国际休闲度假谷，则打造出一条体育制造业、服务业链条。这一运动休闲综合体，主投资方为泰普森控股集团。泰普森是国内最具规模的帐篷、户外运动生产企业之一。因此，在度假谷布局的运动休闲项目、展示的运动休闲业态，如露营、桨板等，绝大多数是制造业产业链的延伸。

（黄维　郦琪琛　陆一帅）

绍兴市:"遇见"体育的美好

水乡、桥乡、酒乡、名士之乡。集于一身的,唯有绍兴。绍兴也是浙江历史最悠久的古城,拥有 2500 年的建城史。

濒海靠山的绍兴,经济高质量、均衡化发展,俨然是浙江的微缩版。作为首批全国体育消费试点城市、首批全国全民运动健身模范城市,以及杭州亚运会协办比赛项目最多的城市,在绍兴,"遇见"体育美好,感受体育幸福。

遇见·最有文化的马拉松

经过多年培育,绍兴马拉松已经登入央视实现全程直播,也收获"最具潜力马拉松"奖项。相比这些,跑者的口碑指数分量更重:越马是最有文化的马拉松赛。越,绍兴古城,"越马"即绍兴马拉松。

绍兴马拉松何以"最有文化"?这是这座城市的文化,赋予马拉松赛的特有气质。绍兴作为名士之乡,古往今来人文荟萃。前有王羲之、陆游、秋瑾等名人志士;近有鲁迅、周恩来、蔡元培、马寅初等中华民族贤达英豪。绍兴,可谓人杰地灵!绍兴的马拉松线路也因此由名人的故居、遗迹、名胜等所串点成线。每一届越马,还都会确定一位绍兴籍文化名人作为年度主题人物,如王阳明、徐渭;2023 年越马虽刚开始筹办,主题人物已经确定:陆游。在跑马过程中,绍兴文化元素浓墨重彩,包括黄酒、越剧、乌毡帽、莲花落等都深度融合。绍兴市体育局局长钱勇军调侃:"在绍兴跑马拉松,不时能够遇见古代的熟人。"

体育+文化，激活着这座古老的城市。超过两到三倍的跑者，抽签争抢2.5万个参赛名额。等到跑马的日子，又是携口带眷而来，成为城市的盛大节日。与此同时，极大地带动吃、住、行、购、游等消费。当然，绍兴更看重的是，通过跑者的脚步让来自五湖四海的朋友，领略这座城市的特有风情，并由此而广为传递与传播。

与越马一样，其他品牌体育赛事也有着十足的魅力，包括越城国际象棋、柯桥冰雪、上虞游泳、诸暨篮球、嵊州围棋、新昌航空运动等，让"留量"变成"流量"，致力于打造"国际赛会目的地城市"。尝到甜头的绍兴，也因此更加看重杭州亚运会的重大契机。绍兴承办包括棒垒球、攀岩、排球等5个项目的比赛，是五个协办城市中办赛任务最重的。绍兴体育，等你更在"等东风"。

遇见·"十分钟"的体育幸福

健身场馆设施是老百姓的"体育阵地"。2019年以来，绍兴每年将体育设施建设纳入市政府民生实事，新建或改造一大批足球场、篮球场、多功能体育场、体育公园、百姓健身房等。作为水乡，江河湖溪都是运动的天堂。皮划艇、龙舟、摩托艇，在绍兴都是时兴的运动。当然，路跑、骑行、登山也很热闹。光是登山步道，预计三年内总里程达到1000公里。绍兴在全省率先实现"一场两馆"县（市、区）全覆盖，建成"城乡10分钟健身圈"，人均体育场地面积达到3.1平方米，居全省第2位。

科学健身指导，是老百姓体育生活的刚需。恰恰这又是一个难题。绍兴一直在破解这个难题，且找到了一个突破口——让社会体育指导员评职称！在绍兴，这不算新鲜事。2020年3月，体育和人社部门联合发文，明确从事社会体育指导工作在享受职称与待遇方面有了政策依据，也让近2万名社会体育指导员吃了定心丸。"要让社会体育指导员们'有奔头''有想头'。"该市社会体育指导中心主任潘柳说。从2021年起，绍兴探索社会体育指导员培训和教师、医生的继续教育有效融合并得以延展，让各路英雄有了"用武之地"。其中，由市体育部门颁发的"培训合格证书"和"社会体育指导员等级证书"，不仅让社会体育指导员在为人民群众提供优质体育服务的同时，也让他们享受到相应的技能人才政策，一举两得。目前，绍兴的社会体育指导员队伍激活率超过了95%。"健身有地方、有队伍、有指导"，这正成为绍兴人的体育小幸福。

遇见·分享体育经济大蛋糕

体育消费券，绍兴百姓口中的"热词"，亦是绍兴体育产业发力的一个注脚。绍兴体育产业的特点是体育消费后来居上，增长快、活力强、后劲足、带动强。

数据是最好的佐证：自2020年被列为国家体育消费试点城市后，绍兴市体育消费总规模从135.72亿元上升到150.7亿元，居民人均体育消费从2574.9元上升至2859.4元，同比增长9.95%，人均体育消费占人均消费支出比重为8.15%。与此同时，绍兴市持续开展全民健身体育消费季活动，三年累计面向全国发放体育消费券90万张，覆盖17类项目，带动消费1.38亿元，覆盖人群超百万。

说起绍兴体育产业，另一个不得不提的词汇是"社会力量办体育"。在绍兴柯桥，这样的案例比比皆是。利用一块城市坡地，占地740亩的浙江国际赛车场，由柯桥本土的企业家斥资15个亿投资兴建；与这里相距不远的另一座场馆是绍兴乔波冰雪世界，同样是由民间资本投资兴建，更是华东地区最大的室内滑雪场；此外，还有占地数千亩的东方山水乐园，龙舟、皮划艇、游泳等是运动休闲的"主力军"。

濒海靠山的绍兴，也有相当一部分山区。利用山水资源，加强体育与旅游深度融合，大力发展运动休闲业成为一种新选择，如柯桥区的稽东镇、王坛镇是如此，山区县新昌亦是如此。钱勇军认为，在共同富裕示范区建设进程中，以运动休闲经济为代表，体育解决了其他发展途径难以破解的难题，通过引进赛事、吸引人流，大力发展绿色经济、健康经济，实现山区镇乡可持续发展。

遇见·体育教育最美"牵手"

绍兴是文化底蕴厚重之地，与体育的结合一定有着鲜明的区域特色。由此，促成体育与教育的最美"牵手"。而教体并重、文武双修，又成为绍兴体育的美好且最有个性的注脚。

竞技体育是衡量体育实力最重要的显性指标。绍兴不仅文化名人辈出，体育精英也不少。奥运冠军孟关良、世界冠军徐东香，以及田径名将谢震业都诞生于此。在体育人才培养过程中绍兴坚持体教结合，其所辖6个县（市、区）机构设置中，均为教育体育合并，这是体教结合的先决条件。

运动员如何实现训练成绩、文化学习比翼双飞，绍兴有着自己的"独门秘籍"。绍兴市体育运动学校实行教练员、文化课教师一起带班。这种模式，让教师与教练员形成思想上的共识、行动上的一致，目的就是让孩子在体育特长的基础上，文化课学习上有更多收获。这一学训机制，实则上是以运动队为单位的管理方式，教练员与文化课教师打破界限，合力共进，确保运动员学生"有书读、读书好"。

有着耕读传家传统的绍兴，特别尊师重教。在体育领域亦是如此。绍兴体育借力"越才精英人才回归"计划，抛出橄榄枝邀请一大批精英教练员报效桑梓。几年前，体育部门"三顾茅庐"，将中国女排原主教练、绍兴乡贤俞觉敏请回家乡，担任市排球队总教练。而后，又把羽毛球世界冠军陈刚请到绍兴。目前，这样的精英教练员有29人。2022年的第17届省运会，绍兴创造历史最好成绩，这是效果最直接的体现。前途漫漫，绍兴竞技体育更值得期待。

（黄维　陆一帅　郦琪琛）

诸暨市：从一个篮球观览精彩蝶变

诸暨，浙中偏北的县级市。这里拥有全球最大的袜业市场、中国最大的珍珠市场，诸暨海亮学校是中国规模最大的民办学校。诸暨还是中国古代四大美女西施的故里，因此被很多人认为是"妩媚""柔美"的城市。不过，绝大多数人误解了——诸暨的城市气质，用"硬气""健壮""阳刚"形容更为贴切。

篮球是这座城市的重要标签。诸暨是15座"全国篮球城市"之一。12年前，曾经因在2199片球场、26460名球员同时打球，创造"同时打篮球规模最大"的基尼斯纪录而名噪一时。近三个赛季，诸暨还是CBA的主场。疫情期间，实行赛会制，诸暨成为中国职业篮球的大本营，精彩的赛事盘踞暨阳城下，令篮球迷引以为豪。据不完全统计，诸暨108万人口中篮球爱好者超过20万。

这牛可不是吹的。"蹲点浙江·体育记者发现共富之美"央媒新闻采风团，还没有抵达现场就已领教——是日，一场村BA正在店口镇何家山头村篮球馆激战。远远的，车子就被堵了，还听到阵阵"呜呜祖拉"的声音。夜幕渐渐降临，仍有村民赶集一样往球馆拥去。

枫桥镇屠家坞村VS姚江镇墨城坞村。场上你冲我突，场边里三层外三层。第一排是坐的，第二排是站的，第三排则站上了长板凳，现场至少有五六百人，年纪最大的球迷已经92岁高龄。比分胶着上升，气氛紧张而热烈，每一次运球，每一个投篮，都牵动着球迷的心。喝彩声、加油声，普通话夹杂着诸暨方言，让人担心这样的喧闹会不会爆棚！

诸暨市篮球协会主席黄生华介绍，这样的热闹场面只是诸暨村BA的一个剪影。23

个镇街、500多个村社，组队参加村BA的达到一半。总共参赛球队273支、球员近4000人，放眼全国也不多见。目前，677场比赛正在精彩上演，点燃着夜空下乡村的激情。除了现场观摩，通过网络直播收看也成为一种时尚。五泄镇的一场球赛，网络直播点击量达到28万人次。黄生华透露，"村BA的总决赛，准备放在CBA主场的球馆。目前正在考虑售票方案，估计一票难求。"

在诸暨，打球、看球、评球，从城市到乡村从不缺乏球迷。打球不仅强身健体，同时也是社会和谐的催化剂、干群关系的黏合剂。诸暨市教育体育局局长陈初明说，打球的人、爱球的人多了，身体更棒，社会风气更好，诸暨也更有活力、更团结，社会更加和谐。

诸暨是"枫桥经验"诞生地。新时期，篮球运动成为传承与弘扬"枫桥经验"的重要、独特载体。何谓"枫桥经验"？这是毛泽东1963年作出的重要批示，并写进党的二十大报告，其核心是"小事不出村、大事不出镇，矛盾不上交"，是基层治理的经验、化解矛盾的经验，六十年来历久弥新。在"枫桥经验"陈列馆，有这么一句话："多一个球场，少一个赌场。"在村BA办赛过程中，这一内涵又得到极大丰富——篮球文明乡风，大部分镇街的冠军球队，留下了奖品和奖金，捐给了爱心食堂或民工子弟学校；篮球凝聚乡情，参赛球队中有超过1000名大学生，带着"为村争光"的强烈使命上场；篮球团结力量，村民之间、村社之间、干群之间，因打球而更加融洽。

枫源村是"枫桥经验"的诞生地之一，村党委书记、村委会主任骆根土对此感同身受。他介绍，村里有三片灯光球场，打球的很多，他认为这就是润物细无声的基层治理。隔壁的杜黄新村，除同样拥有三片灯光球场，还建有一片五人制足球场。因篮球，让村民们紧紧地团结在一起，这次征战村BA，好几位球员或从杭州开车回来，或从广东坐飞机赶到。村党总支书记、村委会主任王海军说，体育既能文明乡风还能振兴乡村，他与村民在运动休闲上动脑筋：2000多亩高标准农田，农闲季节组织"浑水摸鱼""泥地拔河"等农事休闲运动，一天最多能吸引1000多名游客。村里还引进了马术俱乐部、废弃的矿山变身高端露营基地，今年预计接待运动休闲游客10万人次，人人共享体育带来的经济红利。

是啊，诸暨人爱篮球，情到深处、爱到肌理。墨城坞村的上场球员寿柯炯，从事电商行业的他十分忙碌，但他说很享受打球的快乐，每周一定要打一两场球，因打球而结交了一批医生、民警朋友，自己的世界变得更丰富。还不到退休年龄的徐荣辉，打球有着48年的"光荣史"，他的经典回忆中经常提及"少年时穿上一件胸口印有'少体校'字样的运动服，不亚于现在穿上一件国际品牌的运动装"，他说自己一直要坚持打到打不动那一天……这样的热情、激情，也倒逼着诸暨篮球赛事不断迭代升级。记者了解到,除村BA外,镇BA、市BA、家BA等篮球饕餮大餐已经渐次"上桌"。

（黄维　郦琪琛　陆一帅）

安吉县余村:运动休闲解码点"石"成金

"绿水青山就是金山银山"理念,2005年首次在安吉县余村提出。绿水青山如何转化为"金山银山",十八年来余村是见证者、实践者,也是受益者。

眼下,初夏季节。满眼望去,山林翠绿、生机盎然。安吉余村屋舍俨然、鸟语花香。近年来每逢夏季,余村平均每天接待七八十批团队客人,散客更是数以千计。此次到访时,见到的就是这样热闹的场景——有的租赁共享电动车,三三两两在绿道上骑游;有的在草坪上,快乐地玩飞盘。村党支部副书记俞小平告诉记者,如果是晚上,最热闹的是村党群服务中心——百姓健身房、篮球场、广场上人头攒动,到处都是运动的身影。

如果回溯到二十年前,余村可不是这般模样。炸山开矿办水泥厂曾是余村"强村富民"的重要手段。钱是赚了几个,但好景不长,村民们普遍反映"山是秃头光,水是酱油汤"。长期生活、劳作在粉尘漫舞的环境,健康乃至生命都受到了威胁。2003年开始,借"千村示范、万村整治"工程推进,余村陆续关停矿山与水泥厂,开始走一条生态兴村的路子。如今,运动休闲是余村绿水青山变为金山银山的重要转化通道,可谓运动休闲解码点"石"成金。

胡加兴是土生土长的余村人。采矿也曾是他的谋生手段。关停后,曾一度外出打工。胡加兴又是最早一批领悟到"绿水青山就是金山银山"的村民——胡家是余村最早一批开办民宿的。不过,生意并不稳定,旺季门庭若市、淡季门可罗雀。胡加兴是个精明人,又把主意打到了以漂流引客流上。

"酱油汤"里能漂流? 2007年,当胡加兴提出这个设想,并开始清理河道时,就连余村人都不敢相信这能"吸引人""赚来钱"。胡加兴回忆,当初请村民清理河道的乱石、淤泥,都没人愿意参加,认为"这钱投下去有去无回"。胡加兴却十分看好前景。当年,"荷花山漂流"就正式接待客人。这也是安吉县第一家皮划艇漂流。水是清的,两岸的山是绿的,弯道多、落差大,这些都是吸引游客的重要卖点。十多年来,胡加兴一直坚持着,且越来越红火,"一般五一期间开始试营业。现在还不是客流高峰。气温35℃左右是最佳漂流季,七八月就能接待六七万人。"

漂流客又带旺了农家乐、民宿。胡家的农家乐,周末时最多能接待几十桌。漂流、民宿、农家乐,胡家一年的营收可达300万~400万元。原本在安吉县城工作的儿子小两口,已经回村一起打理生意。现在,余村已经拥有500张民宿床位,农家乐同时可接待3000人,胡加兴的漂流项目起到不小的推动力。他的"贡献度"还在于解决农村剩余劳动力,从每年四五月清理河道开始,一直到三个月左右的漂流季,胡加兴需要季节工四五十人,"安吉是竹乡。余村的剩余劳动力,一般从事竹子来料加工。夏季前后,正好是淡季,所以乡亲们乐意来漂流场地帮忙。"

俞小平介绍,从去年开始推出"余村全球合伙人计划",诚邀全球英才深化"千万工程",共同拓宽绿色发展新路径。因此,如果在山乡余村看见一些洋面孔,一点都不用稀奇。忙碌的工作之余,来自巴基斯坦、也门等国家的创业者,最喜欢到村部的百姓健身房,切磋乒乓球或练瑜伽,跑步机、器械健身也是热门选择。而门前广场上的排舞,篮球场上的拼抢,一样的生动、精彩与激情。从运动场上,看见小小余村大大的国际视野与雄心壮志。

(黄维 郦琪琛 陆一帅)